CALVINISMO MONETARIO

CALVINISMO MONETARIO. EL DINERO ESTÁ ARRUINANDO AL CAPITALISMO Y CÓMO BITCOIN PUEDE IR EN SU RESCATE

DANIEL VILLABLANCA

Primera Edición Agosto 2024

© 2024 Daniel Villablanca. Todos los derechos reservados

daniel.villablanca.frolov@gmail.com

Otros libros del mismo autor:

MONETARY CALVINISM. MONEY IS RUINING CAPITALISM AND HOW BITCOIN CAN COME TO THE RESCUE, published by Amazon.com

Publicado por Amazon KDP

Impreso en los Estados Unidos de América

ISBN: 9798332876547

CALVINISMO MONETARIO

El Dinero está Arruinando al Capitalismo y cómo Bitcoin Puede ir en su Rescate

DANIEL VILLABLANCA

A María Isabel, Constanza y Francisco, también a mis padres

CONTENIDOS

PRÓLOGO 1
INTRODUCCIÓN 5
ORIGEN DEL DINERO 9
    El proto dinero 10
    El dinero como consenso social 15
EL DINERO ESTÁ FALLANDO 19
    Enemigo a las puertas 19
    El fin del patrón oro y la industrialización que no llegó 24
    Bretton Woods y el dominio del dólar 26
    Fin de Bretton Woods y los inicios del dinero fácil 28
    Ciclo de crisis financieras 29
    Tasa de preferencia temporal y dinero sólido 30
    Lo que el viento se llevó 32
    Una burbuja de cuatro décadas 34
    Teoría Monetaria Moderna en tela de juicio 40
    El enfoque monetario que pudo ser 41
    Una buena idea puede cambiar el mundo 43
DINERO FÁCIL Y POPULISMO 47

Caso de estudio: Chile 50
DARWIN ENTRE LOS ACTIVOS DIGITALES 59
LA GRAN DISRUPCIÓN PENDIENTE 67
  Una nueva forma de dinero para los tiempos 69
DESTRUCCIÓN CREATIVA 79
  Ejemplos notables de disrupción 81
  E-stonia, un disruptor de naciones 82
  Efecto Red 83
BITCOIN ES ORO DIGITAL 89
  Bitcoin es oro digital mejor que el oro 91
  Bitcoin carece de un vector centralizado de ataque 93
  Bitcoin es resiliente 95
  Bitcoin es programable 98
  La red Lightning 100
  Comparación oro, Bitcoin y dinero fiduciario 103
CÓMO FUNCIONA BITCOIN 107
  Blockchain o cadena de bloques 108
  Prueba de Trabajo 110
  Emisión de bitcoins y recompensa a los mineros 111
  Consumo de energía 112
  Bitcoin como monetizador de energía 113
  Ataques de denegación de servicio 115
BITCOIN COMO ENERGÍA MONETARIA 117
  El regalo de los titanes 118

Una herramienta formidable 119

¿La energía del fuego, el correo electrónico de nuestros ancestros? ..121

El ascenso del hombre 122

Estándares y protocolos 127

El dominio de formas energéticas superiores 129

El valor como energía monetaria 130

¡El dinero es energía! 132

Bitcoin es la forma de energía monetaria más eficiente jamás inventada...136

HIPERBITCOINIZACIÓN 141

Impactos a largo plazo de la hiperbitcoinización 143

CASO DE ESTUDIO: EL SALVADOR.. 151

LA INVASIÓN A UCRANIA, EL RESETEO DEL PETRODÓLAR Y EL PRINCIPIO DEL FIN DE LA GLOBALIZACIÓN 159

BIBLIOGRAFÍA... 165

"Es mejor que la población no entienda nuestro sistema bancario y monetario, porque si lo hiciera, creo que habría una revolución antes de mañana por la mañana."

- Henry Ford

PRÓLOGO

En el presente libro, "Calvinismo Monetario. El dinero está arruinando al Capitalismo y cómo Bitcoin puede ir en su rescate", Daniel Villablanca aborda con una profundidad y claridad notables la crisis del sistema monetario actual y la urgente necesidad de una transformación radical. La obra de Daniel es una exploración esencial de cómo el dinero tal como lo conocemos está fallando, y cómo Bitcoin puede ser la respuesta a muchos de nuestros problemas económicos más apremiantes.

Creo que Bitcoin no es solo una inversión potencialmente lucrativa, sino principalmente una herramienta que podría democratizar el acceso al dinero y proteger a las personas de las devastadoras crisis económicas que he visto de primera mano crecer en Patagonia, Argentina. Crecí viendo cómo mi familia y tantas otras perdieron sus ahorros repetidamente debido a la devaluación, la hiperinflación y las confiscaciones gubernamentales. Esta experiencia me motivó a dedicar mi carrera a promover el éxito de Bitcoin, una moneda que no puede ser inflada, confiscada ni censurada.

Daniel explica brillantemente cómo el abandono del patrón oro y la adopción de políticas monetarias expansivas han llevado a ciclos de crisis financieras cada vez más frecuentes y severas. Su análisis del "efecto Cantillon" destaca cómo aquellos cercanos al poder monetario se benefician desproporcionadamente, mientras que los más alejados sufren las consecuencias de la inflación y la inestabilidad económica. Esta narrativa es crucial para entender por qué necesitamos un "calvinismo monetario" que separe el dinero del estado y establezca una moneda más sólida y justa.

El libro no solo analiza los problemas actuales, sino que también propone soluciones concretas. Bitcoin, con sus características de ser incensurable, limitado a 21 millones de unidades y asequible para todos, representa una forma de dinero que podría proporcionar la estabilidad y la libertad económica que tanto necesitamos. Daniel hace un llamado a reconocer la importancia de Bitcoin no solo como una innovación tecnológica, sino como una herramienta para la justicia económica y la estabilidad social en un mundo que se enfrenta a cambios profundos y desafíos sin precedentes.

Invito a todos los lectores a sumergirse en "Calvinismo Monetario. El dinero está arruinando al Capitalismo y cómo Bitcoin puede ir en su rescate" y considerar las ideas presentadas con mente abierta y crítica. Esta obra es más que un análisis económico; es un manifiesto por un futuro más justo y estable, en el cual el dinero sirva verdaderamente a las personas y no a los intereses centralizados.

Wences Casares

Palo Alto, Ca. USA - Agosto de 2024

Wences Casares es un emprendedor y empresario argentino conocido por su trabajo en el sector de la tecnología y las finanzas. Nació en 1974 en la provincia de Chubut, Argentina. Casares es especialmente reconocido por su enfoque en el desarrollo de productos y servicios relacionados con la tecnología financiera y Bitcoin. Actualmente es CEO y fundador de Xapo Bank, una institución financiera que combina servicios bancarios tradicionales con tecnología avanzada de criptomonedas. Antes de Xapo, Casares fundó varias otras empresas, incluyendo Patagon, un banco en línea que fue adquirido por Banco Santander en 2000 por aproximadamente 750 millones de dólares. Ha servido en los consejos de administración de varias organizaciones y empresas tecnológicas, incluidas PayPal y Endeavor. Wences es también reconocido como el "paciente cero" por haber convertido a un número importante de inversionistas y billonarios de Wall Street a Bitcoin y sus potencialidades.

INTRODUCCIÓN

Crecientemente, somos testigos de alzamientos populares en todo el orbe que, a contrario sensu de las históricas insurrecciones confinadas a países menos desarrollados y a la pobreza, comparten ahora banderas comunes de lucha tales como la inflación, la desigualdad, los abusos de la elite, la inmigración, todas en el corazón de la globalización y el capitalismo que, a riesgo de perder su sitial monopólico y privilegiado de las últimas cuatro décadas, requiere de ajustes igual de dramáticos. Como un producto más de la globalización, que ha uniformado a todas las capitales del orbe, el descontento es inequívocamente vinculado por parte de los intelectuales a causas aparentes, próximas, fundiéndose con los síntomas, confundiendo el análisis. Este libro intenta relevar algunas causas originales, destacando entre ellas el abandono de una serie de cortapisas, mecanismos de regulación y consensos que por siglos contuvieron el desenfreno del poder, y que gracias a la tecnología podemos rescatar por primera vez.

Hay un creciente número de indicadores que muestran que hemos arribado finalmente a una suerte de apocalipsis monetario, en que imprimimos dinero ad infinitum en un pozo sin fondo, generando con ello no sólo distorsiones fiscales, sino irremediablemente crisis financieras cada cinco a diez años. Entre muchos de los dañinos efectos de la emisión infinita de deuda, destaca el efecto Cantillon (término acuñado hace más de dos siglos en Inglaterra), en que los que están cerca del grifo monetario se benefician con acceso a crédito abundante y a bajo costo versus aquellos que están más lejanos y reciben en comparación una leve neblina, además de los efectos nocivos de dicha emisión excesiva de masa monetaria, a saber, hiperinflación o inflación desmedida (que no es otra cosa que tributos sin una debida representación), desempleo y confiscación.

El liberalismo y su corcel, el capitalismo, en su versión más reciente y galopante estaría mejor servido si avanzamos hacia una creciente separación estado-dinero, una suerte de calvinismo monetario, utilizando para ello nuevas formas de dinero más sólidas, menos susceptibles a los vaivenes del poder centralizado y a la política. A ratos pareciera que el flanco débil del capitalismo comienza a abrirse por la misma herida que exuda este exceso de endeudamiento a todas luces incontenible, en un círculo vicioso de crisis-estímulo-crisis. Un abusivo intervencionismo monetario en la economía pareciera estar al centro de estos ciclos o, continuando con la metáfora, el jinete pareciera querer intervenir con sus jaloneos en demasía el libre desplazamiento y rumbo natural del corcel. En consecuencia, se hace evidente que el abandono del respaldo del patrón oro como mecanismo de contención de excesos monetarios constituyó un gran error que un siglo más tarde seguimos pagando encarecidamente.

Observando el panorama anterior, alguien puede con justa razón preguntarse: ¿en qué momento se malogró el orden mundial?, ¿por qué abandonamos un sistema monetario que trajo gran estabilidad y prosperidad a las naciones? Más importante aún; ¿podemos restablecer un orden que recupere algunas cualidades del dinero sólido no tan sólo para las naciones sino principalmente para las personas?

Capítulo 1

ORIGEN DEL DINERO

"Madre, yo al oro me humillo, él es mi amante y mi amado, pues de puro enamorado, de continuo anda amarillo. Que pues doblón o sencillo, hace todo cuanto quiero, Poderoso Caballero es don Dinero."

— *Francisco de Quevedo*

Quizá uno de los conceptos más difíciles de asimilar, a pesar de su extensivo e intensivo uso diario, es el dinero. Es una establecida creencia que, en los orígenes del dinero, el trueque jugó un papel fundamental, sin embargo, los antropólogos han encontrado escasa evidencia que el comercio e intercambio haya sido basado en el trueque por demasiado tiempo. Es comprensible que todo esto se nos manifieste como poco intuitivo, y esto es así porque se nos ha enseñado que a medida que el trueque se hizo más complejo, tuvimos que recurrir a la invención del dinero. Lo anterior no significa que no haya existido el comercio antes de la invención del dinero.

El proto dinero

En un inicio, los humanos evolucionaron necesidades de almacenar ciertos ítems coleccionables dada su rareza y valor simbólico. Ejemplos de ello incluyen colmillos de animales feroces abatidos en cacerías, conchas de mar (cuentas) y piedras talladas, dispuestos artísticamente en un collar. Entre los nativos norteamericanos, estaba ampliamente difundido un tipo de collar o cinturón llamado *wampum*, formado a partir de cuentas de conchas de almejas. A pesar de que este molusco era sólo encontrado en zonas costeras, el wampum era comerciado significativamente tierra adentro. El dinero basado en collares de conchas de variados orígenes puede encontrarse en tribus a través de todo el continente norteamericano. A medida que se realizaban transacciones, se agregaban o extraían cuentas del collar y se sumaban a otros según el precio pagado. Se sabe que la tribu Iroquois consiguió acumular el wampum más largo de todas las tribus. Por otro lado, se produjo una especialización en la producción de las cuentas por parte de la tribu Narragansetts, mientras cientos de otras tribus los utilizaban. Fue tal la difusión de este medio de pago, que hasta los propios colonos comenzaron a utilizarlo, las autoridades británicas se sumaron al fenómeno, llegando a declararlo moneda legal en Nueva Inglaterra a finales del siglo XVII. Los colonos tenían entonces un nuevo medio de intercambio, y el comercio floreció. Después de unas décadas aumentó el flujo de monedas provenientes de Inglaterra, y comenzó a reemplazar al wampum como medio de intercambio con las tribus, debido a sus falencias como dinero, entre ellas la portabilidad, reproducibilidad y seguridad.

Milenios antes, nuestros antepasados utilizaron coleccionables como joyas, y de ello existen evidencias arqueológicas datadas en torno al 40.000 AC. Estos objetos manufacturados vinieron a reemplazar lo que los paleontólogos llaman el *altruismo recíproco,* en que los detalles acerca de los bienes que se intercambiaban debían ser registrados mentalmente, y esto se tornaba particularmente difícil cuando una misma persona o grupo era tanto deudor como acreedor de diferentes bienes en el tiempo o cuando la confianza era impactada por algún fenómeno social o político. Este subjetivo y volátil sistema con certeza se tornó inseguro y poco confiable.

La conclusión natural es que detrás del dinero inexorablemente ha existido un sistema contable. Eso es todo. Hace unos 40.000 años, alguien muy adelantado a su era, ideó una tecnología que revolucionó a su aldea y luego al mundo hasta nuestros días. En algún momento esta mente ingeniosa le dijo a alguien de su aldea cuando le trajeron un poco de leña, he aquí una piedra por la leña que me traes, e inicialmente es probable que la respuesta haya sido, no me interesa esa piedra o esa concha marina que me das a cambio, no tiene valor alguno para mí. Paulatinamente, la idea de ir representando el intercambio con estas unidades de cuenta se fue transformando en el sistema contable esta vez "objetivo", de la aldea, en que el alambicado cruce de yo te debo leña y tú me debes trigo y ellos nos deben arcos y flechas, repentinamente no es más que el sofisticado registro de nuestro comercio, e incluso podemos prometernos la entrega de estos bienes y servicios más adelante, siempre que mantengamos las cuentas al día, claro. Y así, en sucesión, vamos echando mano a diferentes formas primitivas de dinero que son paulatinamente más prácticas, frutos de la creciente capacidad de abstracción del Homo Sapiens.

Hace 35.000 años, época en que aún compartían el paisaje tanto Homo Sapiens Sapiens como Homo Sapiens Neanderthalis, ambas especies poseían el mismo tamaño cerebral, los primeros exhibiendo una menor musculatura, huesos menos fuertes, y con herramientas un poco más sofisticadas, pero no sustancialmente más poderosas. La diferencia principal es que nuestros antepasados gustaban de coleccionar conchas, fabricar joyas con ellas, exhibirlas e intercambiarlas. Los Neandertales no. Hay incluso quienes plantean que una de las causas del dominio de Sapiens sobre

Neandertales, fue su capacidad de almacenar y traspasar riqueza e intercambiar a través de los coleccionables, y produjeron el exterminio de éstos últimos.

Cuando las diferentes formas de reserva de valor compiten entre sí, son los atributos específicos de algunos los que les permiten en el margen desplazar a otros, incrementando su demanda en el tiempo. Una reserva de valor ideal cumpliría con las siguientes características:

Durable: el activo no puede ser perecible o fácilmente destructible. Se desprende que bienes como el trigo no son una forma factible.

Portable: debe ser fácil de trasladar y almacenar, haciendo posible asegurarlo contra pérdidas o hurto, permitiendo transacciones a larga distancia. Así, un buey (en algún momento fue una medida de riqueza, de allí la palabra pecuniario del latín *pecus* o ganado) es menos ideal que un brazalete de oro.

Fungible: un espécimen del bien debe ser intercambiable por otro en idéntica cantidad. Sin fungibilidad, el problema de la coincidencia de necesidades permanece sin solución. De allí que el oro es mejor que el diamante, ya que el último es irregular en su forma y en su calidad.

Verificable: debe ser fácil y rápidamente verificable como auténtico. Cada verificación acrecienta la confianza del recipiente en la transacción y en sus probabilidades de ser consumada.

Divisible: mientras este atributo era menos relevante cuando el comercio era infrecuente en sociedades menos avanzadas, comenzó a serlo en tanto floreció el mercadeo al detalle y las cantidades se tornaron más pequeñas y precisas.

Escaso: un bien monetario debe poseer un costo de falsificación muy alto. En otras palabras, no puede ser abundante o fácil de obtener o producir en cantidades. La escasez es sin duda la cualidad más apreciada como reserva de valor pues apela a la innata pulsión humana de coleccionar aquello que es singular. Así, es la fuente del valor original de la reserva de valor.

Acreditado: a mayor longevidad y prestigio percibidos por la sociedad, una reserva de valor sostendrá de mejor manera el embate de nuevos candidatos por reemplazarla, a menos que el desafiante posea sustanciales ventajas entre los atributos anteriormente enunciados.

Resistente a la censura: un atributo nuevo, que se ha vuelto importante en nuestra sociedad moderna digitalizada con creciente supervigilancia, es la capacidad de resistir los intentos de una entidad privada o estatal de confiscar o bloquear el uso del bien. Estos bienes son ideales para aquellos que viven bajo regímenes que intentan imponer controles de capital o prohibir variadas formas de intercambio normales.

El dinero como consenso social

Ninguna forma de dinero actual tiene valor intrínseco, salvo por aquellas cualidades descritas anteriormente. Su valor proviene del *consenso* que como sociedad le hemos ido asignando a su *utilidad* como dinero. Dicho premio no se obtiene trivialmente, a juzgar por el camino que éste debe recorrer para alcanzar tan relevante estatus, pues está lleno de obstáculos y competidores. Revisando la historia, se puede apreciar que las formas de dinero han usualmente adquirido tal estatus evolucionando en etapas sucesivas, siendo la reserva de valor una etapa previa a la de medio de pago. Anteriores a estas, de hecho, está la etapa del dinero como coleccionable, y que hemos analizado anteriormente:

Coleccionable: en su etapa primitiva de evolución, esta manifestación será demandada exclusivamente por sus peculiares características, usualmente un capricho de su propietario. Conchas, cuentas y oro fueron coleccionables antes de hacer una transición a roles más familiares de dinero.

Reserva de valor: una vez que el bien es demandado por un número importante de usuarios, será reconocido como una forma de almacenar y preservar valor. A medida que es reconocido ampliamente como tal, su poder adquisitivo se incrementa mientras más gente lo demanda para este propósito. Dicho poder de compra irá menguando cuando su adopción como reserva comienza a saturar el mercado potencial.

Medio de pago: cuando el dinero está plenamente establecido como almacenamiento de valor, y su poder de compra se ha estabilizado, disminuirá el costo de oportunidad para completar transacciones y caerá a un nivel que lo hará adecuado como medio de intercambio.

Unidad de cuenta: en su etapa final, cuando la forma de dinero es ampliamente utilizada como mecanismo de pago, la mayoría de los bienes y servicios serán denominados en dicha moneda, pues su variación en la tasa de cambio respecto a otras monedas es también insignificante.

En la actualidad podemos observar una obsesión de la teoría monetaria moderna con el dinero como un medio de pago, como característica unívoca. Una de las razones para esto es el monopolio que en el siglo XX adquirieron los Estados sobre la emisión monetaria, continuamente erodando su uso como reserva de valor, creando una falsa creencia que su única función es como medio de intercambio, ignorando que este debe cumplir otros roles esenciales antes de ser fungido o permanecer como tal.

Hace unos 5 mil años, cuando el comercio internacional comenzó a acelerarse significativamente, el oro emergió como el primer sistema contable universal por concentrar dichas cualidades por excelencia. Los bienes monetarios que aún no son una unidad de cuenta o han dejado de serlo, pueden ser descritos como "parcialmente monetizados". Un ejemplo actual de aquello es el oro, quien siendo despojado de sus cualidades como medio de pago y unidad de valor por medio de intervenciones políticas, aún mantiene su estatus como reserva de valor. También lo son las monedas de países que han perdido su calidad de reserva de valor, muchas veces compartiendo en una misma economía el rol de dinero con otras formas de valor.

Ciertamente, existen hoy múltiples monedas emitidas por los bancos centrales de países alrededor del mundo, todas formas de dinero que cumplen probablemente con las cualidades segunda y tercera, si no solo porque son forzadas por sus respectivos gobiernos. Escasas, sin embargo, son aquellas monedas que cumplen con la principal característica del dinero, que es la capacidad de almacenar y preservar valor y riqueza a través del tiempo. Baste observar que la vida media de las monedas mundiales es menor a treinta años, para recordar que las reiteradas maniobras del poder y la clase política conducen inexorablemente a exceso de deuda, gasto y crisis financieras recurrentes con sus nefastos efectos inflacionarios, con la consiguiente depreciación de sus monedas. Todo lo anterior sin mencionar el efecto nocivo que estos fenómenos gatillan en aquellos que no poseen los activos necesarios para refugiarse. Salvo honrosas menciones, es el oro quien con prestancia ha mantenido su valor a lo largo de milenios.

La mayoría de la gente piensa, erróneamente, que el dinero fiduciario tiene un respaldo, que hay algo o alguien detrás que le otorga un valor intrínseco, y por ello podemos confiar en su valor basados en su mera tenencia. En las clases de historia, este error se continúa perpetuando. Ni hablar de la total ausencia de una enseñanza formal acerca del comercio, los sistemas monetarios, las monedas, el dinero y en general cualquier clave acerca de cómo funcionan los bancos centrales y comerciales, o cómo es creado el dinero. Los estudiantes se llevarían de pronto una gran sorpresa al ver que detrás del dinero moderno no existe ningún tipo de respaldo, que es básicamente creado de la nada.

Capítulo 2

EL DINERO ESTÁ FALLANDO

"El dinero fiduciario eventualmente regresa a su valor intrínseco: cero"

— *Voltaire*

Enemigo a las puertas

Al revisar el éxtasis y la agonía de los sucesivos imperios desde digamos, los Romanos, hay una buena correlación entre su decadencia y la respectiva devaluación de su moneda. Es fácil concluir que la agonía provino de la amenaza que representaban los bárbaros o el invasor de turno. Siendo estas causas aparentes y cercanas, los gatillantes primeros han sido invariablemente desafíos económicos derivados del gasto excesivo necesario para sostener la creciente expansión de los límites geográficos y poblacionales del imperio. En casi todos los casos en la antigüedad, y tanto la plata como el oro han sido utilizados como dinero y reserva de valor desde el siglo VI AC, la respuesta fue disminuir drásticamente la proporción de metal precioso de la moneda circulante, oro o plata, devaluando su valor, aumentando el número de monedas en circulación, y generando de paso procesos inflacionarios que a la larga provocaron el colapso de la respectiva civilización. Los imperios disminuyeron así literalmente las barreras de entrada a los invasores, al ser incapaces de proteger sus fronteras.

Respaldados por la inmensa riqueza generada por los imperios británico, español, holandés y francés de los últimos siglos, el mundo vio florecer una serie de monedas que en algún grado obtuvieron estatus de reserva de valor mundial, incrementando el comercio.

El oro fue durante milenios una forma de dinero ampliamente aceptada en todo el mundo, intercambiable y vendible, ofrecía un puerto seguro donde almacenar riqueza y valor. Desde la cuna, podíamos ahorrar hasta el fin de nuestras vidas, y aquellas monedas de oro al menos preservaban su valor en el tiempo.

Históricamente, desde el siglo XVII y hasta principios del siglo XX, el mundo vivió una relativa estabilidad en los mercados financieros, fundamentalmente porque estuvimos refugiados bajo el protectorado del patrón oro, ya sea en su forma pura cuando las monedas en circulación contuvieron algún grado de este metal precioso, o en su versión más deslavada toda vez que la emisión de dinero fiduciario era el resultado de la impresión de billetes respaldados por las reservas de oro en las bóvedas de los bancos centrales del mundo. Basta para ello revisar los datos del Banco de Inglaterra que rigurosamente ha registrado desde sus inicios en 1694. Podemos observar que los países europeos durante más de tres siglos gozaron de tasas de interés extraordinariamente estables, en torno al 4%, sólo interrumpida durante las Guerras Napoleónicas, para luego retornar al promedio histórico.

A medida que nos acercamos al siglo XX, se tornan notorias las falencias del oro como dinero, en tanto sus falencias como dinero <u>transportable</u>. En efecto, como medio de pago presentaba falencias importantes dadas sus restricciones físicas de peso y tamaño. Después de todo, había que enviarlas en barco de un continente a otro surcando el Océano Atlántico y el Mediterráneo, y las naves de entonces naufragaban con mucha frecuencia. En efecto, con la aparición del dinero fiduciario, en lugar del oro como la moneda nativa del sistema de pagos internacionales, terminamos obteniendo el <u>crédito</u> de la moneda soberana. Por lo tanto, la cantidad de circulante de dichas monedas no es más que el crédito que cada deudor obtiene en dicha moneda. A mayor deuda, mayor circulante. De allí su crecimiento sin fin, sin respaldo alguno.

En su verdadera esencia, el dinero fiduciario, por estar basado en deuda, requiere de múltiples intermediarios y custodios, actores necesarios para garantizar la confianza entre las partes. De allí a la manipulación de las tasas de intercambios, sólo un paso.

El fin de la era del sistema monetario basado en el oro llegó con el arribo de la Primera Guerra Mundial. El abandono del estándar oro, sin embargo, no provino de algún plan o modelo conceptual, carecía de una visión futura de desarrollo u objetivo particular que le condujese. Todo lo contrario, la interrogante era más bien; ¿cuándo y en qué circunstancias regresamos al patrón oro? Para comprender las razones de este cambio de régimen, es necesario remontarse al Imperio Británico, la fuerza dominante en el mundo preguerra de 1914.

Inglaterra inventó, al final del siglo XIX, un sistema monetario llamado el Estándar de Intercambio Oro, para el intercambio comercial con sus colonias. Mediante dicho sistema, los bancos centrales de dichas colonias mantenían sus reservas en Londres en Libras inglesas, a cambio de convertibilidad en oro, cuestión que escasamente ocurría dado que las colonias requerían mantener Libras para comerciar con Inglaterra frecuentemente, con quien mantenían una cuenta comercial. Al iniciarse la Primera Guerra Mundial, Inglaterra sólo tenía un 31% de reservas en oro para respaldar la convertibilidad. Para mantener su poderío mundial, Inglaterra planeaba exportar este modelo al resto del mundo una vez terminada la guerra. Así, en 1922 bajo el Tratado de Génova, Inglaterra y en menor medida EE. UU. continuaron inundando el mundo con Libras a cambio de oro. Dado que EE. UU. sólo abandonó el patrón oro más tarde que Inglaterra, tenía más reservas de oro que el primero y estaba en mejor posición financiera, y consiguió regresar al patrón oro (1922) antes que Inglaterra, quien nunca consiguió este fin.

En esencia, mucho del origen de la Segunda Guerra Mundial se debe al surgimiento del nazismo, que no es otra cosa que el malestar de Alemania por las reparaciones de Guerra negociadas en el Tratado de Versalles después de la derrota alemana en la Primera Guerra Mundial, que produjo el vaciamiento de las arcas de oro alemanas para financiar los gastos de guerra de los aliados.

Durante los siguientes años, el sistema Estándar de Intercambio Oro por Libras se popularizó. Los países adquirían la moneda británica en grandes cantidades, típicamente asociada a acuerdos sobre estabilidad financiera y cooperación internacional (conceptos más tardes adoptados por el FMI), e Inglaterra imprimía Libras sin límites, siempre claro está, que los países no acudiesen a convertir dichas Libras por el metal precioso en cantidades, pues oro no había suficiente para todos los acreedores.

El fin del patrón oro y la industrialización que no llegó

El advenimiento de la Primera Guerra Mundial marcó no sólo eventos geopolíticos pivótales para Occidente en el reordenamiento territorial y político de Europa. En el orden económico, el abandono del patrón oro estableció un parteaguas irremontable para la mayoría de las naciones en vías de desarrollo. Si, por el contrario, hacia inicios del siglo XX una nación había adoptado la industrialización y el patrón oro como ejes de su economía, consolidando ya un ciclo virtuoso de división del trabajo, exportaba e importaba volúmenes significativos y por ende los productores requerían de un sistema sólido de dinero, podía llamarse un país desarrollado.

El propio Friedrich von Hayek planteó esta idea del impedimento que enfrentaba un país para importar el capital y las tecnologías requeridas para consolidar una capacidad industrial que le permitiera acceso al comercio mundial, y que dicha restricción terminó agrupando a estas naciones en lo que aún conocemos como los países subdesarrollados, manteniendo hasta el día de hoy muchos un desarrollo agrario o extractivo de recursos naturales.

A partir de la Primera Guerra, el comercio se vería gravemente comprometido, y el advenimiento del dinero fiduciario produciría grandes distorsiones y ciclos de crisis financieras, inflación e hiperinflación. Estas naciones pasarían buena parte del siglo XX intentando industrializarse, pero ahora en un escenario de proteccionismo que era causado por el mismo fenómeno, desconfianza entre los países por monedas devaluadas que nadie quería aceptar. En el antiguo régimen del patrón oro, nadie tenía problemas en sus balanzas de pago. Si un país compraba más bienes, disminuía sus reservas de oro. Si por el contrario otro país vendía más productos, aumentaba sus reservas del metal. Un sistema muy simple y que no requería más que decidir que si se quería tener más oro, bastaba con dejar de comprar bienes y gastar.

En contraste, con el sistema fiduciario de monedas, ocurría que si para algún país la Libra estaba sobrevaluada digamos después de la Primera Guerra, y los ingleses están intentando vender su oro lo más rápido posible en EE. UU., es un negocio rentable obtener dólares a cambio y luego vender esos dólares en Londres por Libras. Lo mismo ocurría con el comercio, donde un país con su moneda devaluada ve cómo sus bienes son cada vez más atractivos para los extranjeros de manera que aumenta sus exportaciones y una nación con su moneda sobrevaluada no exporta, pierde empleos y eso ocasiona problemas a sus productores. Todo lo anterior genera fricción, intervención y propensión a forcejeos por parte de los actores económicos y políticos y luego a guerras tarifarias y restricciones en el comercio mundial, en particular en países en vías de desarrollo que están intentando alcanzar al resto más desarrollado.

Bretton Woods y el dominio del dólar

En 1944, a un año del término de la Segunda Guerra Mundial, se reunieron en un idílico hotel en el estado de Nuevo Hampshire las naciones de EE. UU., Europa Occidental, Canadá, Australia y Japón, con el objetivo de negociar el que sería por décadas el sistema monetario imperante en el orden internacional hasta 1971. Si bien había contendores relevantes como la propia Libra británica, e incluso una nueva moneda propuesta por John Maynard Keynes llamada Bancor, EE. UU. venía muy bien preparada como el salvador de Europa con su participación exitosa en la Segunda Guerra Mundial, el poseedor de las mayores reservas de oro, y como el nuevo hegemón económico, cuyo objetivo era simplemente emular el sistema Estándar de Intercambio Oro por Libras, esta vez por dólares, claro está. Las monedas de los países firmantes serían convertidas a un cambio fijo contra el dólar, y éste a su vez versus el oro, que los países se comprometían a enviar a las bóvedas norteamericanas. En esta misma instancia, se crea el Fondo Monetario Internacional (FMI), para proveer liquidez en caso de desequilibrios de balanza de pagos y el Banco Mundial para facilitar préstamos de reconstrucción posguerra.

Durante las siguientes décadas, EE. UU. afianzará su hegemonía en todos los ámbitos posibles, y utilizará el modelo dólar como moneda de reserva mundial, agregando una sofisticación adicional, el Complejo Industrial-Militar, originalmente enunciado en un discurso del presidente Eisenhower en 1961.

En una interminable sucesión de guerras; Segunda Guerra Mundial (las reservas de oro bajaron de US$40 mil millones a tan sólo US$25 mil millones), Corea, Vietnam, Laos, Líbano, Camboya, Grenada, Libia, Golfo Pérsico, Irak, Afganistán y Kosovo, entre otras, EE. UU. ha impreso cantidades enormes de dólares para financiar un círculo "virtuoso" de apoyo a su industria de armamentos, y de infraestructura en la posterior reconstrucción de los territorios invadidos. Al inicio de la década de 1970, era evidente que la relación dólares-oro había aumentado a niveles insostenibles, permitiendo a EE. UU. exportar dólares a todo el orbe, haciendo al resto de las economías cada vez menos competitivas. En 1960, el economista Robert Triffin notó que mantener dólares versus oro era más valioso porque los constantes déficits de balanza de pagos ayudaban a mantener liquidez en el sistema y alimentaba el crecimiento económico. Más tarde, el mismo economista predijo sin embargo que dichos déficits erosionarían la confianza sobre el dólar como reserva mundial, fenómeno que hoy conocemos como el Dilema Triffin, y que continúa aquejando al dólar.

El presidente de Francia, Charles De Gaulle, gran opositor al dólar como reserva mundial, acuñó la frase "el privilegio exorbitante de EE. UU." para describir lo que Francia consideraba un abuso por parte del primero y que consistía en el resto de los países trabajar exclusivamente para aumentar el estándar de vida de los estadounidenses. En términos simples, el resto de las naciones debían pagar con bienes y servicios para obtener un billete de US$100 versus unos pocos centavos para EE. UU. imprimir el mismo billete. En un momento de máxima tensión, los franceses enviaron buques de guerra a Nueva York para repatriar su oro, demanda a la que se unieron otros países.

Fin de Bretton Woods y los inicios del dinero fácil

En agosto de 1971, en una situación insostenible para EE. UU. (la relación reservas oro a dólar cayó al 22%) el presidente Nixon anunció el fin de la convertibilidad, llegando a su término los últimos remanentes del oro como reserva mundial indirecta. Surge entonces el Sistema de Reserva Fraccionario.

La *reserva fraccionaria* es un sistema basado en que los bancos sólo poseen una pequeña proporción del dinero de sus depositantes, asumiendo que no habrá una demanda concertada y repentina de depositantes por sus ahorros. De igual manera con los acreedores que no prestan al mismo tiempo, ni los deudores pagan al mismo tiempo, todo aquello permite al banco prestar el dinero de los depositantes vía créditos, con parte del capital asegurado por esta reserva. En consecuencia, existe un agregado monetario sustancialmente superior a la base monetaria. Se estima que la relación es en promedio diez veces el capital reservado.

El dinero fiduciario es un sistema basado en deuda. La manera de emitir nuevo dinero es vía deuda, y su relación con las reservas es sólo una cuestión anecdótica. En un sistema fiduciario basado en deuda, la inflación es un requisito. Si se permite a la deflación ocurrir naturalmente, la moneda se desploma y los bancos colapsan.

Ciclo de crisis financieras

Desde el fin de Bretton Woods y hasta la fecha, se han registrado 67 crisis financieras, la mayoría de impacto mundial, unas menos confinadas a las naciones donde se originaron. Entre las de mayor impacto internacional, varias crisis del petróleo a mediados de los 70s, la Crisis de Deuda Latinoamericana también de los 70s, la Burbuja de Activos de Japón de 1987, Recesión de 1980, Crisis de Préstamos y Ahorros desde 1986 a 1995 EEUU, Lunes Negro de 1987 en EEUU, Recesión de 1990, Miércoles Negro 1992 en EEUU, Crisis Financiera Asiática de 1997, Crisis del Rublo en Rusia 1998, Gran Depresión Argentina 1998-2002, Burbuja Tecnológica del 2002, Crisis Financiera del 2008, Crisis Financiera en Portugal 2010, Crisis Venezolana 2012-presente,

Crisis Económica en Brasil 2014, Crisis Financiera Rusa 2014, Crisis Monetaria Argentina 2010-presente, Crisis Financiera mundial por salvataje Pandemia 2020 y Crisis Mundial por efectos de la guerra Ucrania-Rusia 2022, por sólo nombrar las principales. Curiosamente, en los veinte siglos anteriores se registran sólo una docena de crisis financieras, o algo así como menos de una cada cien años.

Tasa de preferencia temporal y dinero sólido

Literalmente colgando desde el cielo de la Capilla Sixtina, Miguel Ángel Buonarotti pasó buena parte de cuatro años pintando su afamada obra maestra que aún perdura después de 500 años. En un poema que el escultor y pintor escribió posteriormente, relata el sufrimiento, cansancio e infierno que dicho esfuerzo le significó, pintando cada detalle mínimo bajo la estricta supervisión y exigencia del Vaticano. Este era el tipo de arte, como miles de otras obras que fueron financiadas durante el Renacimiento como resultado de una forma de dinero sólido y duradero, que estaba dispuesto a invertir en obras que aún sobreviven por generaciones. Comparar muchas obras de arte actuales vendidas en millones de dólares, fruto de unas cuantas pinceladas, obras que por lo demás son pintadas en serie, es recordar que vivimos en un mundo de dinero fácil, creado de la nada.

Un dilema que experimentamos a diario, dada nuestra comprensión que el recurso más escaso en nuestra vida es el tiempo, es la elección entre costos de oportunidad, de consumir en el presente o postergar dicho consumo para el futuro. Por una cuestión de supervivencia, dada la opción de consumir ahora o más tarde, elegimos invariablemente el presente. Así, una tasa de preferencia temporal **alta** indica favorecer el consumo **presente**, descontando el futuro. Una tasa de preferencia **baja** implica postergar el consumo presente y favorecer el ahorro e inversión para el **futuro**. Mientras más baja la tasa de preferencia, más efectivo disponible para prestar, que se traduce en mayores inversiones en proyectos productivos y con aquello el aumento de ingresos y mejoras en los estándares de vida, generando un círculo virtuoso.

Por milenios, y como hemos analizado en capítulos anteriores, la adopción del estándar oro permitió el uso de un dinero que lograba sostener su valor en el tiempo, proyectando confianza hacia el futuro. En el albor del siglo XX, sin embargo, las acciones descontroladas de los gobiernos centrales indujeron crecimientos de las bases monetarias en promedio 6-7% en los mejores de los casos, alcanzando usualmente crecimientos de dobles dígitos y en ocasiones triples dígitos. Entre 1916 y 2020, el crecimiento promedio de todas las monedas nacionales llegó al <u>30% anual</u>. De esta manera, transitamos desde un dinero (oro) que crecía al 2%

anual (tasa de minería del oro por año) a uno fiduciario que crece a un promedio del 14% anual.

Son incontables los efectos nefastos de vivir en economías con monedas débiles, en particular en aquellas con hiperinflación sostenida, en que la sociedad es literalmente devastada. Basta para ello observar países como Venezuela, Zimbabue, Argentina, Sudán, Siria, Turquía y muchas otras, con tasas superiores al 40% anual. En escenas de texto, podemos apreciar cómo los ciudadanos se apresuran a consumir a principios de mes para deshacerse de dinero que saben en semanas o días valdrá sustancialmente menos.

Lo que el viento se llevó

La década de los 70s será siempre recordada como una época tumultuosa, tanto por el fin de la era del respaldo del oro, como en la política norteamericana después del asesinato del presidente Kennedy, el fin de la prolongada Guerra de Vietnam, los revolucionarios fines de los 60s en Francia, y las crisis económicas e inflacionarias en EE. UU. y América Latina. En su momento se culpó del brote inflacionario al embargo del petróleo, a especuladores financieros y a avaros hombres de negocios. Milton Friedman, sin embargo, planteó que la política monetaria expansiva y los masivos déficits presupuestarios eran las causas más evidentes, y de paso acuñó una célebre frase que aún resuena en nuestros tiempos, en el sentido que la inflación es invariablemente un "fenómeno monetario". Si bien el presidente Nixon arribó a su segundo mandato como un supuesto conservador en materias fiscales, aumentó considerablemente el gasto social y en algún momento concedió que era un "Keynesiano".

John Maynard Keynes fue un economista inglés quien creía decididamente que la teoría económica clásica no proveía una forma de acabar con las depresiones económicas. Argumentaba que la incertidumbre inducía a un congelamiento del gasto por parte de consumidores e inversionistas, y en consecuencia los gobiernos debían intervenir e inyectar dinero para recuperar la economía.

La tasa de inflación se disparó desde 5% en 1970 a 14% en 1980, obligando a la Reserva Federal de EE. UU. bajo el mandato de Paul Volcker, a iniciar una frenética campaña de alza de tasas de interés desde el 7% al 16%. Sería el inicio de décadas de crisis financieras ante la ausencia de un ancla para ninguna de las monedas internacionales, que en la actualidad no representan más que deudas a los respectivos bancos centrales.

Han transcurrido cincuenta años desde los 70s, y el sistema continúa tan desafiado como en sus inicios, y no ofrece buenas cifras. En EEUU, la utilización de capacidad instalada sigue cayendo, la productividad laboral está estancada por décadas, los ingresos promedios de los hogares sólo han subido 1,5 veces en 68 años contribuyendo a aumentar la brecha de la desigualdad, la tasa de ahorro personal ha bajado desde el 10% al 6%, los sueldos en términos reales no han variado en cinco décadas, el crecimiento del PGB ha declinado desde un 6% a un magro 2%, los déficits son generalizados, subiendo desde el 0.5% al 12%, la deuda está a niveles históricos subiendo del 52% al 124% del PGB, y a pesar que el dólar sigue siendo la moneda de reserva mundial pues el resto de las monedas han caído aún más respecto al dólar, ha perdido el 95% de su poder adquisitivo.

La administración Nixon abrió una caja de pandora que dictaría el inicio de un experimento monetario que está en cuestión, ahora quizás iniciando el principio del fin, que posiblemente conduzca al fin del dólar como reserva mundial, y al comienzo de un nuevo orden.

Una burbuja de cuatro décadas

El primer fenómeno de especulación en masa del que se tiene registro es el frenesí holandés por los bulbos de tulipanes de mediados del siglo XVII, en particular por las flores más exóticas que se convirtieron en objeto de ostentación y símbolo de riqueza (los más famosos incluso eran bautizados con nombres de Almirantes), llegando algunos bulbos a valer 1.000 florines en circunstancias que el ingreso promedio de una persona en Holanda llegaba a 150 florines anuales. Detrás de esta burbuja asomaba el éxito de la Compañía Holandesa de Las Indias y la prosperidad comercial de los Países Bajos. Mientras más colorido e irregular, más alto el precio, exotismo que provenía de un parásito (el pulgón), algo desconocido en la época. Como toda burbuja especulativa, los precios continúan al alza mientras existan especuladores que piensen que siempre habrá un próximo comprador dispuesto a pagar un precio más alto, y ésta acaba tan violentamente como comienza cuando los especuladores comienzan a escasear.

En los últimos siglos, el mundo ha experimentado variadas burbujas especulativas, entre ellas la del Mississippi (1719-1720), del Mar del Sur (1720), los Locos Años 20s (1924-1929), la Burbuja Inmobiliaria de Japón (80s), dot.com - Internet (2000), Burbuja Subprime Inmobiliaria (2008) y Burbuja de "todos los activos" (2022), entre otras. Las burbujas pormenorizadas anteriormente, si bien tuvieron impactos significativos sobre el crecimiento y empleo, fueron de corta duración, entre uno y cinco años.

La burbuja especulativa más grande y extensa de la historia es una que coincidentemente nace en la década de los 80s y que aún está vigente 35 años más tarde, la <u>Gran Burbuja de los Bonos Norteamericanos</u>, descrita por dos reputados economistas de EE. UU. Como resultado del alza de tasas forzada por Volcker a un histórico 16,63% en su combate a la inflación de doble dígitos de los 70s, EE. UU. jamás volvería a observar dichos niveles, la más alta en tiempos modernos. Desde entonces, la tasa de interés ha descendido desde 16% a 0% y en algunos casos a tasas negativas, algo difícil de asir, pues la tasa de interés es el costo del dinero. Esto ha producido un aumento enorme en la demanda por bonos, con alzas de precios históricas.

Tal ha sido el efecto, que existen US$10 Millones de millones (US$10T) invertidos en bonos, generando tasas negativas. Una tasa negativa habla de tiempos en que el dinero es gratis, y puede llegar a esos extremos como en algunas naciones europeas en que los bancos <u>cobran</u> a los clientes por mantener saldos en cuentas corrientes. Si por décadas entendimos a los bonos del Tesoro de EE. UU. como el "activo libre de riesgo", en este escenario podríamos describirlo como el "activo libre de retorno".

Los bonos son instrumentos de deuda que prometen al acreedor o prestamista recibir un retorno o cupón en el tiempo, basado en la tasa de interés del instrumento. Su característica más importante es que <u>los precios de los bonos se mueven en forma inversa a la tasa de interés</u>. Si el interés de mercado sube, el precio del bono baja ya que la tasa del bono es fija, se hace menos atractivo mantenerlo, bajando su precio al ser menos demandado. Por el contrario, cuando baja la tasa, el bono es demandado por los inversionistas que aprecian la mayor tasa relativa del bono, aumentando su demanda y su precio.

Invocando a la Escuela Austríaca, los períodos de cero tasas de interés (Zero Interest Rate Policy o ZIRP), cuando las tasas caen bajo el costo marginal del capital, tienen el efecto indeseado de "zombificar" la economía permitiendo que empresas y bancos sobrevivan en circunstancias que son económicamente inviables. Lo anterior puede explicar el por qué a pesar de tasas de desempleo bajas, el crecimiento es bajo. En 2017, un 76% de las empresas con apertura en bolsa no obtenían aún utilidades en sus negocios versus un promedio de 48% en las cuatro décadas anteriores.

El principal efecto de tasas prolongadamente bajas es perpetuar la tasa de preferencia alta de consumo. Esto no sólo representa un riesgo económico y financiero, sino moral, pues al incentivar el consumo presente y desincentivar el ahorro, ha aumentado el precio de todos los activos, en particular los inmobiliarios, dificultando el acceso a la vivienda a las nuevas generaciones. Es precisamente esta razón por la que los jóvenes están adquiriendo bitcoin como ahorro a largo plazo.

Para comprender la relevancia del mercado de los bonos, basta recordar que la inversión mundial en estos instrumentos de deuda asciende a US$100 millones de millones (US$100T), en comparación a los US$70 millones de millones (US$70T) de los mercados accionarios, de tal forma que los bonos son *la cola que mueve al perro*, todo lo anterior sin considerar los derivados de deuda sobre acciones, bonos, e industria inmobiliaria que se estima asciende a US$600 millones de millones (US$600T) o aproximadamente diez veces el valor del producto mundial.

Cuando los bancos centrales compran bonos a los bancos comerciales o corporativos, lo que hacen de facto es inyectar dinero a la economía. Otro mecanismo similar que pueden utilizar es el de aumentar el circulante al aumentar los bancos centrales las reservas de los bancos comerciales. Al aumentar sus compras de bonos, sube el precio de los bonos y baja la tasa de interés de mercado, aumentando la demanda por créditos hipotecarios y comerciales, creciendo la masa monetaria.

Para concluir, el exceso de gasto de las últimas décadas por vía emisión de deuda mediante bonos, ha producido excesos de liquidez y tasas de interés históricamente bajas, que conducen a variados tipos de distorsiones y burbujas, desigualdades crecientes por efecto Cantillon, depreciación del poder adquisitivo de las monedas, y últimamente inflación. A pesar de que el avance tecnológico, por medio de la baja sostenida de precios de productos de consumo masivo, ayudó a contener la inflación por un buen tiempo, la eventual saturación de productos como celulares, computadores y otros dispositivos pareciera estar atenuando dicho efecto.

En 2022, como respuesta al aumento considerable de la inflación, los bancos centrales al unísono están intentando revertir el aumento de precios incrementando rápidamente las tasas, lo cual invariablemente producirá nuevas crisis financieras por medio de la disminución del crecimiento, esta vez la peor variedad de ellas, estancamiento e inflación o *estanflación*. En este escenario, conviene recordar al menos un acierto de Marx, al plantear que las revoluciones casi siempre son el resultado de inflaciones desmedidas.

Recientemente, en el año 2022, hemos presenciado un rebrote inflacionario mundial como no se observaba en décadas. En medio de un debate creciente respecto a las causas inflacionarias, algunos plantean que restricciones logísticas han generado fricciones en el movimiento de mercaderías a nivel mundial, otros de exceso de circulante como resultado de planes de apoyo económico gubernamental directo a los consumidores para compensar por restricciones de la pandemia Covid19, y un grupo más discreto pero creciente de agentes económicos que claman por el exceso de liquidez en el sistema como resultado de la crisis del 2008 en que las tasas de interés han alcanzado valores negativos producto del exceso de endeudamiento del sector público y privado.

Teoría Monetaria Moderna en tela de juicio

La serie de crisis financieras de los últimos 100 años son el perfecto ejemplo de este recurrente círculo vicioso de percepción de aparente auge económico vía especulación, que tarde o temprano acaban por colapsar, típicamente de manera violenta. Porque como es ya sabido, los mercados y las economías reales ascienden al tope del ciclo por la escalera, pero descienden por el ascensor.

A diferencia de los economistas de la escuela monetarista que han propugnado desde la gran depresión financiera de 1929, una creciente intervención en los mercados financieros vía manejo de las tasas de interés, y emisión monetaria creciente, la escuela austríaca ha pasado a un segundo plano en el siglo XX, y en muy reducidos reductos académicos ha tenido el espacio para florecer. Esto no significa que dicha escuela no haya tenido oportunidad de desplegar sus principios. Todo lo contrario. Como botón de muestra, la olvidada y desconocida Depresión de 1920.

Dicha recesión financiera se desató en EE. UU. y algunos otros países después de la primera guerra mundial y, entre otras causas, fue agravada por el masivo retorno de los veteranos que no alcanzaron a ser absorbidos por una economía que lentamente venía deteniéndose después del brutal y extendido flagelo europeo. El presidente Harding, exitosamente, adopta una política de laissez-faire, combinada con una reducción dramática del Estado y el gasto público, consiguiendo revertir la crisis, transformándose así en la última crisis que el gobierno no haya intentado aplacar con una intervención monetaria vía reducción de tasas de interés, emisión masiva de deuda e impresión de billetes.

El enfoque monetario que pudo ser

Es casi intuitivo preguntarse que, si estamos viviendo en la así llamada transmodernidad, época posterior a la modernidad caracterizada por el advenimiento de la globalización; ¿particularmente de dónde provienen los fundamentos, de qué frutos, cuáles ideas, innovaciones e introspecciones de la modernidad que la antecede somos beneficiarios en el actual estado de las cosas? Y si bien la modernidad tiene sus orígenes en el Renacimiento, en que el hombre comienza a anteponer la lógica-razón a la tradición-religión, está plagada de otros elementos como la Conquista de América, el Renacimiento, la Revolución Científica, la Sociedad Industrial, el nacimiento de la burguesía, ni hablar de las anteriormente mencionadas revoluciones sociales y tecnológicas. Son 500 años de particularidades, muchas agujas en por lo demás un gran pajar. Entra en escena la gloriosa Viena o Vindobona como la llamaban los romanos, o "ciudad blanca", en celta.

El pináculo del modernismo parece a todas luces haberse manifestado en la capital del Imperio Austro

Húngaro de finales del siglo XIX y principios del siglo XX y nace como una respuesta al exceso de foco que pone la Ilustración en el racionalismo, unido a cierto nivel de frustración por el exceso de expectativas que trajo la Revolución Industrial, e inspirada por la publicación del libro *El Origen de las Especies,* de Charles Darwin. Así como la astronomía y la física inspiran la Ilustración, la biología inspira el Modernismo.

En tan sólo 40 años (1880–1920), en una concentración de energía focalizada en un punto geográfico pocas veces igualada (así como Florencia en el renacimiento, Viena en el modernismo), es común ver en los salones vieneses compartiendo a escritores, médicos, psiquiatras, pintores, economistas y psicólogos de múltiples regiones del imperio y más allá, judíos, cristianos, musulmanes, ateos, mujeres y hombres en un intercambio constante de ideas que condujeron a avances en literatura, arte, filosofía, medicina, neurociencia, psicología y economía. Allí en los salones privados, más allá en los cafés, y en las aulas de su prestigiosa universidad, el Círculo de Viena y sus filósofos Freud, Jung y Wittgenstein, los pintores Klimt, Schiele y Kokoschka fundadores de la Escuela de Secesión, el músico Gustav Mahler está preparando la transición desde la primera a la segunda Escuela Musical de Viena, desde Haydn, Mozart, Beethoven y Schubert, a una nueva generación de compositores tales como Arnold Schönberg, Alban Berg y

Anton Webern. Lo mismo en arquitectura, fundando las bases para la Bauhaus alemana de 1920. Finalmente, los destacados economistas Carl Menger, Ludwig Von Mises y Eugen Böhm Bawerk, fundadores de la Escuela Austríaca de Economía, pródiga en discípulos como Friedrich von Hayek (Premio Nobel Economía 1974), Murray Rothbard y Joseph Schumpeter, por nombrar a sólo algunos.

Uno de los principios de la escuela austríaca plantea que los ciclos económicos de auge y depresión son originados por una expansión artificial de deuda y crédito, que no está respaldada de alguna manera por ahorro, que es lo que ocurre cuando los bancos centrales bajan las tasas de interés o imprimen moneda, fenómeno que ya hemos ejemplificado anteriormente. Al bajar el costo del crédito, surgen proyectos e inversiones que de otra manera no habrían sido acometidos, pues a tasas más altas o al menos normales, no hubiesen sido factibles o rentables. Dinero fácil.

Una buena idea puede cambiar el mundo

Varios siglos antes, la cercana connivencia del poder eclesiástico con el poder absoluto de reyes, cardenales y señores feudales marcó buena parte de la edad media, y trajo junto a ello una serie de opresiones sobre súbditos que, de otra manera sin acceso directo a la curia y sus prerrogativas, escasas oportunidades poseían de acceder no sólo a sus dispensas e indulgencias, sino también al cielo. Todo aquello cambió con las reformadoras y refrescantes ideas primero de Lutero y luego Calvino, quien con sus panfletarios y audaces actos de postear sus airados reclamos en las puertas de las iglesias de Ginebra (como siempre ocurre cuando de verdaderas revoluciones se trata), desencadenaron cambios sustanciales en la manera en que la fe era administrada por parte de las autoridades eclesiásticas, y devolvió a muchos creyentes buena parte de sus rituales. Más importante aún, generó necesarios diálogos y cuestionamientos al escandaloso camino que el granjeo de las prebendas estaba tomando. Con la ruptura entre jerarcas, reyes y el Vaticano, y la inevitable escisión de las Iglesias, contemplamos así (si no la más importante a la fecha), una de las primeras de intermediaciones del poder, en las así llamadas Reformas, devolviendo la fe de regreso a sus usuarios, los creyentes.

Y así como hace medio milenio, parte fundamental del problema es que los gobiernos y los legisladores tienen incentivos perversos al controlar un poder enorme representado por la capacidad de endeudar las economías mundiales no sólo inundando los mercados con exceso de dinero, sino hipotecando de paso el bienestar de las futuras generaciones a través de deuda siempre creciente, que no es otra cosa que traer a valor presente consumo e inversión futura. Ni mencionar la distorsión de la realidad y los efectos que generan las tasas de interés extremadamente bajas o negativas sobre proyectos de inversión zombis que son evaluados a tasas de descuento bajas y que repentinamente son sujetos de inversión. Como Warren Buffet afirmó famosamente hace un tiempo, "cuando la marea se retira, descubrimos quienes han estado nadando sin traje de baño". Un buen ejemplo de este fenómeno, son las declaraciones de economistas de renombre, representantes de la élite monetaria actual tales como el Nobel de Economía Paul Krugman que asegura que "la deuda es dinero que adeudamos a nosotros mismos", y no consumo futuro y empobrecimiento de las siguientes generaciones como pareciera ser evidente. Es interesante recordar que el mismo economista planteó en 1998 que "el crecimiento de la internet se desacelerará dramáticamente. Hacia 2005 aproximadamente, se hará evidente que el impacto de Internet en la economía no habrá sido superior al del fax". El problema con los expertos es que lo son casi siempre en la versión obsoleta del mundo.

Como en toda revolución que remueve los cimientos del estatus quo, ya sea por mera suerte o coincidencia, el cambio tecnológico ha sido un actor central y habilitador del cambio. Y la Reforma no fue una excepción. Hace su ingreso triunfal, la invención de la imprenta.

Sin la masificación del libro, las ideas de Calvino no habrían llegado más allá de algunos cantones suizos. Se sabe que fue tal la proliferación viral de la imprenta que en solo unos años, miles de libros comenzaron a circular, muchos libremente, entre la sociedad europea. Y más rápido aún lo hicieron los panfletos. Se cuenta que Calvino en varias ocasiones recibió en el curso de apenas unas semanas, versiones perfectamente impresas de sus manifiestos, con elegante tipografía, que él enviaba en forma privada, manuscrita, vía correspondencia a su círculo más íntimo. Viralidad estilo siglo XVI en acción.

De manera que algunas revoluciones tienen su tecnología habilitante, estimulando su alcance e impacto. Aunque no todas las tecnologías han sido benévolas. La revolución francesa tuvo a la guillotina. Durante la revolución mexicana un general inventó el rifle automático. Y por supuesto otras revoluciones, no del todo políticas o religiosas, han generado sus propias tecnologías más allá de lo imaginable, destacándose sin lugar a duda entre ellas la Revolución Industrial, que de manera extraordinaria dio a luz al mundo a la máquina de vapor, el teléfono, el automóvil, el avión y la ampolleta, entre otros. Todo lo anterior de paso allanando el camino para la preparación psicológica hacia el Capitalismo.

Capítulo 3

DINERO FÁCIL Y POPULISMO

"No creo volvamos a tener una forma sólida de dinero sin antes restarla del control de los gobiernos...todo lo que podemos hacer es de alguna forma milagrosa introducir algo que no puedan detener"

— *Friedrich von Hayek*

Observando los sucesos del devenir de la humanidad de los últimos siglos desde la distancia, se nos hace cada vez más aparente aquello de "la historia no necesariamente se repite, pero sin duda rima", y que una vez más, crecientes voces disidentes están voceando palabras de alarma. Que el capitalismo está a la deriva. Que, como cualquier modelo de negocios, este ordenamiento económico requiere de cambios, adaptaciones y pivotes, ajustes en su marcha, a riesgo de caer el jinete liberal lastimosamente del corcel capitalista que le sustenta. Peor aún, a riesgo de ser reemplazado en su marcha triunfante por el populismo, quién qué dudas caben, quisiera ocupar su lugar camino al despeñadero.

Sintomáticos son los crecientes alzamientos populares y manifestaciones violentas en las calles de las principales capitales, molestia social que el mundo ha venido presenciando en los últimos años. No es sorpresa que los diagnósticos han fluido como un torrente entre el caos, la paralización de la actividad normal de las ciudades y la estupefacción de autoridades, clase política y empresarial, y la elite en particular. Y es del todo natural que la confusión sea lo único concreto y claro, pues estos alzamientos no se están dando en los países más pobres del mundo. Todo lo contrario, dichas economías son al menos pujantes, y se están dando también en el primer mundo donde se supone las cuestiones básicas están resueltas hace ya mucho tiempo. De igual modo en economías en vías al desarrollo que han desplazado grandes partes de su población desde la pobreza a un mundo de mayores oportunidades y creciente bienestar. La perplejidad aumenta al observar que además los gatillantes de dichas explosiones no han sido en la forma grandes reivindicaciones o demandas sociales gruesas, significativas, sino todo lo contrario, como en un big bang, se ha liberado mucha energía social a partir de apenas unos chispazos de baja energía, alzas insignificantes en tarifas de transporte, combustibles, o algún comentario desafortunado por parte de alguna autoridad. Ya sea en Hong Kong, Madrid, Líbano, París, Toronto o Santiago y de seguro los que vendrán crecientemente en otros sitios, el malestar se repite incesantemente en un enjambre difícil de interpretar.

Una de las claves pareciera estar, una vez más, en la incapacidad de las generaciones anteriores, de dar apropiada lectura a las inquietudes de una generación que ha nacido en un mundo radicalmente más libre, sí, opulento también, globalizado qué duda cabe, tecnologizado al hartazgo, pero también expuesto a una serie de amenazas, a juzgar por el calentamiento global, pandemias que pueden literalmente paralizar el funcionamiento de la actividad normal de las naciones como estamos observando en vivo y en directo, y varios otros fenómenos, con una enorme concentración de la riqueza gentileza del efecto Cantillon, una clase política crecientemente infiltrada por la corrupción y el mercantilismo, y lo más grave, instituciones antaño intachables pero que ahora se desmoronan bajo el propio peso de su incapacidad de conducirse según sus ideales y aspiraciones originales.

Sin aún saber qué forma tomará este *cambio epocal* (llamémosle así por ahora), y que pareciera estar en pleno desarrollo, se puede aseverar que la revolución digital en sus distintas formas y evoluciones ya está al centro de su vorágine. Algunos le llaman la 4ta Revolución Industrial. La 1era habría utilizado agua y vapor para mecanizar la producción, la 2da la electricidad para masificar la producción, la 3era la electrónica y las tecnologías de la información para automatizarla. La 4ta, argumentan, es más que una simple proyección de la revolución digital, en la que predomina una fusión de lo digital, físico y biológico, pero a escala exponencial.

Lo fascinante, sin embargo, pareciera estar en explorar qué tipo de fenómenos sociales traerá consigo. Se pueden adivinar muchos, equivocarse en otros tantos, pero poco se arriesga si aventuramos que algunas de las principales fuerzas en acción son la *desintermediación* de todo y, como corolario, la *descentralización* y el ocaso de las estructuras verticales con su propia consecuencia, la *horizontalidad* que ello trae.

Caso de estudio: Chile

En América Latina, probablemente no existe un contraste mayor entre dos naciones como aquel entre El Salvador y Chile, si tomamos como comparaciones principalmente variables económicas.

Chile ha presentado consistentemente durante los últimos 30 años avances significativos en reducción sostenida de la pobreza (desde el 48% al 8%) y de la desigualdad (coeficiente Gini desde 0,52 a 0,48 e índice 20/20 de 10,8 a 8,9), una elevada movilidad social y un crecimiento de la clase media (PGP per cápita desde US$5 mil a US$25 mil). De igual forma, muestra una mejora en indicadores como la pobreza multidimensional y el índice de desarrollo humano, los cuales consideran dimensiones más allá de los ingresos. Gracias al progreso del país, la población ha ido extendiendo su acceso a la vivienda, a la salud y a la educación; y a diversos bienes y servicios que no sólo inciden directamente en la calidad y condiciones de vida, sino que también tienen el potencial de mejorar la inserción en distintos ámbitos.

Dicha realidad destaca a Chile frente y lo hace competitivo con la mayoría de las naciones latinoamericanas, liderando a toda la región en PGB per cápita. El país realizó una serie de modernizaciones y apertura al comercio exterior en el momento preciso en que la globalización iniciaba su aceleración en los años 90s, en instancias en que iniciaba su reapertura democrática después de un par de décadas de régimen militar. Su transición democrática fue relativamente ejemplar, y sin embargo algo falló.

Es octubre de 2019, y reina el caos en las calles de Santiago, caos que luego se irá replicando a las principales ciudades del territorio. Incendios, saqueos, protestas, docenas de estaciones del Metro (otrora un orgullo nacional por su eficiencia) en llamas, una fuerza pública totalmente sobrepasada, muertos y caos en las calles, con un gobierno derrotado que accede bajo la presión del caos a modificar la

Constitución, un país al que los medios internacionales no esperaban en sus titulares. No en este contexto.

¿Qué ocurrió? Es aún temprano saberlo. Después de casi cinco años, cada sector tiene su propio diagnóstico. En lo que existe coincidencia, es que el país no será el mismo, y que una serie de reformas son necesarias, con nueva Constitución o manteniendo incluso la anterior.

Como el objetivo de este libro no es Chile y sus nuevas circunstancias por lo demás en pleno desarrollo, podemos al menos escarbar en su pasado reciente, que sí conocemos, algunas claves particularmente en el aspecto económico y monetario, a la luz de las tesis de este libro.

En los mapas conceptuales de la llamada crisis social chilena, hay un concepto que se repite con frecuencia, particularmente la *desigualdad*, entendida como el acceso dispar a recursos, el abuso por parte de empresas privadas en casos de colusión y la mercantilización de la política en casos de financiamiento ilegal de ella por parte de empresarios, por nombrar los principales. Para ello basta leer los grafitis esparcidos por todo el país como un papel mural popular de fácil instalación y que viene a desacreditar la tesis del provocador centralizado que habría organizado tal explosión de energía social. Todo lo anterior refrendado de alguna manera por el coeficiente Gini que es lejos el más bajo de la Organización para la Cooperación y Desarrollo Económico

(OCDE) de la cual Chile es miembro, y que no ha mostrado avances espectaculares como el crecimiento económico.

Para entender algunos de estos síntomas, es necesario remontarse a los años 80s, en los momentos en que el renovado modelo económico chileno recibe un fuerte impulso por parte de un régimen militar que sin mayor oposición avanza en una apertura y modernización literalmente asombrosas, como lo demuestran las cifras exitosas y que nadie puede negar ubicó a esta pequeña nación en el mapa de los países al menos con posibilidades reales de alcanzar un desarrollo mediano y eventualmente alto, desmarcándose de la trampa del ingreso medio en que muchos quedan estancados. Y que ahora muchos se están cuestionando, no mediando algún tipo de consenso que le permita retomar sus impulsos, con cambios inevitables recogiendo las demandas sociales arriba mencionadas.

Como todo país, en particular los democráticos, existen una serie de narrativas que son compartidas por las mayorías de sus ciudadanos que permiten encauzar tanto iniciativas personales como comunitarias. En ausencia de estas, la nación es sólo un colectivo, un territorio. Si existe algo de lo que gozó Chile durante 40 años, fue una narrativa muy poderosa en aras de alcanzar el desarrollo, liderar a las naciones latinoamericanas, un faro en la región del cual estar orgullosos no sólo en el ámbito económico-financiero, sino también deportivo, cultural y todo aquello que admiramos en países europeos y asiáticos, y en nuestro principal socio, EE. UU. Y gozar de los beneficios que todo aquello acarrea.

En una visita que Milton Friedman, uno de los padres del modelo económico así llamado ahora "neoliberal", hiciera a Chile durante los inicios de su implantación, se mostró complacido, como era de esperar, pero también sorprendido con el alcance y profundidad de las reformas. Difícil de superar, en sus palabras.

Como cualquier emprendedor y empresario exitoso sabe, los modelos de negocios y las propuestas de valor requieren de cambios o "pivotes" (en la jerga de negocios), correcciones de rumbo, golpes de timón, recalibración de estrategias y tácticas, ajustes en las narrativas y, principalmente, generar instituciones que supervigilen el apropiado funcionamiento de los actores en los mercados. Siendo el lema oficial del país "Por la razón o la Fuerza", a ratos queda la sensación que la potente energía del estallido social ha devenido finalmente en pivote.

A principios de los 80s una recesión mundial afectó fuertemente a Chile. El PGB disminuyó en un 14,3%, el desempleo alcanzó al 23,7% mientras que el gobierno decidió devaluar la moneda local en un 18%. Privatizó algunas empresas estatales e intervino una media docena de instituciones financieras, lo que se tradujo de facto en una seudo nacionalización de la industria bancaria. No ayudó demasiado que los bancos tuvieran exposición a créditos a empresas relacionadas pues formaban parte de grupos económicos altamente concentrados. Tomó más de 40 años para que algunos bancos terminaran de pagar la deuda del salvataje estatal, a medida que recuperaron su rentabilidad y viabilidad.

La crisis de los 80s fue una señal temprana de los riesgos de un modelo altamente desregulado y permisivo que en el tiempo mostraría sus grietas y sería un precursor de las cosas por venir. Un ethos que pasaría a formar parte de la narrativa del mercado como el regulador de todo el orden público, y que un presidente del país habría más adelante de plasmar lúcidamente en una frase que aún reverbera al aseverar: "el mercado es cruel".

Si bien es ampliamente conocido que el modelo económico chileno estaba siendo modelado por las enseñanzas de la Escuela de Economía de Chicago, lo que es menos evidente es que incluso en las economías más desarrolladas no había precedentes de la aplicación ortodoxa de las directrices menos balanceadas en Chile, y que incluso las políticas más ortodoxas adoptadas posteriormente por las administraciones Reagan y Thatcher no alcanzarían a emular. Un experimento temprano de un modelo en ciernes enseñado e investigado en la casa de estudios superiores más liberal de EE. UU. En este sentido, una de las consignas más notorias que aún permanece en los muros de las calles del centro de

Santiago reza: "Aquí yace el neoliberalismo, que nació y murió en Chile."

Parafraseando a Tolstoi, todos los países prósperos son iguales entre sí, pero cada nación desafiada, lo está a su manera. No sabemos si los acontecimientos en Chile van necesariamente a repetirse en otras naciones. Pero sabemos que, aunque la historia no se repite, rima.

Como describimos en capítulos anteriores, el efecto Cantillon de la Teoría Monetaria Moderna está provocando estragos en todas las economías del mundo, y Chile es el mejor laboratorio. Es probable que los alzamientos populares continúen en aumento, a veces con síntomas dispares. En Chile el desborde lo gatilló un aumento de unos centavos de dólar en la tarifa del Metro, en Francia un impuesto a los combustibles, en Canadá medidas estrictas de vacunación y pases de movilidad Covid19, en el Líbano un impuesto al tabaco, en España por el aumento de la inflación.

Es una notable coincidencia que el comienzo de la apertura de la economía chilena ocurriera exactamente en los albores de otro experimento monetario, el más importante del siglo XX, cuando repudiamos el patrón oro y avanzamos en el gradual proceso de abandono de monedas sólidas y soberanas, ingresando en la espiral de deuda y devaluación progresiva de las monedas de curso legal que no tienen límites en su emisión y que después de 50 años de ausencia de inflación sostenida, este flagelo que se extiende ahora por todas las economías del orbe, sin distinción, es un recordatorio de la situación imposible en que los bancos centrales se encuentran en la disyuntiva entre recesión o inflación, o la peor versión de ambas, que es la estanflación, que es particularmente dura con aquellos que tienen menos recursos y viven día a día, y con los que no tienen activos para protegerse de la devaluación que enfrentan.

Capítulo 4

DARWIN ENTRE LOS ACTIVOS DIGITALES

"Si todo fuese creado con el mismo molde, no existiría la belleza."

— Charles Darwin

En el libro "A través del espejo y lo que Alicia encontró allí", de Lewis Carroll, la Reina Roja le instruye a Alicia que corra lo más rápido que pueda, para mantenerse en el mismo lugar, pero si quiere de veras llegar lejos, debe correr al menos el doble más rápido.

Charles Darwin difundió su teoría sobre la selección natural en su libro "El Origen de las Especies" en 1859, el resultado de treinta años de investigación y viajes. Proveniente de una familia acomodada, no era un hombre en busca de recursos, y sin embargo recibió regalías por todas sus publicaciones, especialmente en libras esterlinas. Aún en existencia en la actualidad, la libra británica se remonta al 750 AC, otorgándole el récord en longevidad entre todas las monedas, y está sometida hoy particularmente a fuerzas de mercado propias de las teorías evolutivas que dieron tanta fama a Darwin.

En el corazón de su teoría de la selección natural, Darwin describe el proceso mediante el cual algunas características o rasgos se hacen más o menos comunes en una población en el tiempo, como resultado del éxito o fracaso relativo de dichos rasgos compitiendo en un ecosistema dado. En la Isla Galápagos, describió trece diferentes especies de Pinzones habitando diversos ecosistemas, cada uno con una fuente de alimento diferente y para el cual existía una forma y estructura del pico de las aves diferenciado para cada alimento en el ecosistema.

Entre los descubrimientos que mayor impacto han tenido sobre la verificación de las teorías evolutivas de Darwin, se encuentra la extinción de los dinosaurios gatillada por el llamado evento K-T, el meteorito que hacia finales del cretáceo cambió el balance de fuerzas, especies y ecosistemas en nuestro planeta, eliminando el 75% de las especies. Entre las más afectadas se encuentran los dinosaurios, en particular los herbívoros, quienes habían obtenido la supremacía en un ambiente pleno de vegetación y oxígeno, violentamente alterados por el impacto que generó un largo invierno de oscuridad, bajas temperaturas y en consecuencia la desaparición de los elementos que habilitaban los rasgos dominantes de entonces, a saber, tamaño y ferocidad.

Aunque las teorías de Darwin se aplicaron esencialmente a la naturaleza, se aplican con frecuencia a otros ámbitos, particularmente en el quehacer humano. Después de todo, somos la especie que más exitosamente se adaptó al ecosistema Tierra. Las organizaciones e invenciones humanas están obligadas a competir, desarrollando rasgos como la habilidad para innovar, adaptarse y cumplir con regulaciones.

Entre las innovaciones más destacadas y que han permitido el comercio, el ahorro y el registro de las transacciones entre humanos por milenios, está el dinero. El alrededor de doscientas monedas de curso legal, emitidas por instituciones centralizadas (bancos centrales) de cada país, han adquirido a través de los siglos ciertos rasgos que las han hecho competitivas y útiles, en particular comparadas con las arcaicas conchas, cuentas, plumas, sal y tantas otras que fueron perdiendo valor frente al oro, que fuera primeramente utilizado por el Rey Croesus en 550 AC. Entre los rasgos deseables que han perdurado en la evolución del dinero, se cuentan la fungibilidad (una unidad es igual a otra), divisibilidad, seguridad, transportabilidad y escasez. Las monedas de curso legal son de alguna manera derivados del oro que en el tiempo se desarrollaron ante la dificultad para dividir y transportar a éste de manera fácil y segura. Un rasgo en común, sin embargo, de todas las formas de dinero anteriores han sido la centralización y control de su emisión (exponencial, en la mayoría de los casos) por parte de reyes y emperadores, y últimamente de políticos. De allí que su falibilidad ha aumentado dramáticamente en los últimos años. En otras palabras, soberanía centralizada respaldada por ejércitos mediante.

De acuerdo con un estudio acerca de 775 monedas de curso legal, donde la edad promedio de éstas apenas alcanza a los 27 años, las causas más comunes de su extinción la constituyen, entre otras, la hiperinflación, reformas monetarias, guerras e independencias. Dicho de otra manera, de la conflictividad y errores propios del quehacer humano.

El hecho que no exista en la actualidad moneda centralizada alguna que sea respaldada por el oro, una evolución en uno de sus rasgos esenciales, es decir su escasez, puede tener serias consecuencias en su capacidad para competir y sobrevivir en un ambiente con cambios tecnológicos revolucionarios.

Con el advenimiento de bitcoin y otras monedas digitales habilitadas por blockchain e internet, han surgido nuevos rasgos en el ecosistema financiero que ofrecen nuevas formas y usos de crecimiento exponencial del dinero como lo conocemos. Entre ellos, la inmutabilidad (que no puede ser alterado o cambiado), la descentralización (dinero no controlado por un ente central, sino por una red de computadores, software y matemáticas), la programabilidad (capacidad de programar acuerdos, consensos y contratos inteligentes entre partes, sin intermediarios necesarios para enforzarlos), finalidad (una vez realizada una transacción es imposible revertir o modificarla, o en otras palabras la transacción constituye al mismo tiempo la liquidación), portabilidad (transferencias y pagos instantáneos desde y hacia cualquier lugar en el planeta), e inconfiscabilidad (una transacción no puede ser censurada o detenida). Finalmente, un rasgo revolucionario propio de la revolución digital, la *desmaterialización* de muchos aspectos de la economía, finanzas y el quehacer humano, que analizamos en un capítulo aparte de este libro.

Otra de las características de Bitcoin es su antifragilidad. Frágil no es lo opuesto a robusto. Cuando pensamos en robustez, se nos viene a la mente todo aquello que es resistente, sólido, duro. La solidez puede resistir los embates, pero es susceptible de resquebrajarse. Antifrágil es una condición de las sociedades, personas, tecnologías y en general constructos humanos que tienen la capacidad de no sólo solventar amenazas, fuerzas y ataques de manera resiliente y grácil, sino además construir resistencias, defensas y respuestas apropiadas, adaptándose a amenazas que garantizan su supervivencia basados en la experiencia.

Así, la estatua de la Libertad en NY es una estructura robusta, pero lo que ésta representa, la libertad del hombre y las naciones es antifrágil. Detrás de dicha resiliencia hay claramente una voluntad de aprendizaje, adaptación y respuestas sensibles. Uno de los mejores ejemplos de la adaptabilidad de Bitcoin es el ajuste de dificultad que cada cierto tiempo, y en forma automática según algoritmos inteligentes, aplica sobre la dificultad de minar sus bloques transaccionales en función de la mayor capacidad computacional o mayor número de nodos que se incorporan a la red. Si aumenta el poder de procesamiento de la red, aumenta la dificultad que enfrentan los mineros para ganar nuevas monedas cada vez que se completa un bloque cada 10 minutos (premio por minar o mantener la red ágil y segura). En este sentido, podríamos aventurar que tiene algunas propiedades "darwinianas". Y si lo comparamos con un pedazo de metal como el oro, que es inerte, no se mueve, no mejora, no lo podemos programar para que bajos ciertas condiciones y parámetros actúe de tal manera, no ha evolucionado en miles de millones de años, no se adapta y es evidente que estas restricciones no le permiten crecer o adaptarse a la competencia.

El desafío de las monedas actuales no sólo radica en competir con la serie de nuevos rasgos descritas anteriormente, sino eventualmente recuperar una de las características fundamentales que en algún momento las transformaron en dinero sólido y reserva de valor, a saber, la escasez. Siendo bitcoin el activo más escaso que existe en la actualidad, y dado el límite de 21 millones de unidades a emitir impuesto por código desde su génesis en reglas que no pueden ser alteradas, este es un rasgo que difícilmente podrán recuperar. En el improbable escenario en que las monedas actuales regresaran a un patrón oro de respaldo, aún deben competir con otros tantos avances exponenciales que a diario surgen en el ecosistema digital.

Cual cometa impactando sobre la Tierra, una combinación de nuevas formas de dinero y de ahorro, inversión, activos, arte, música, juegos y tantas otras insospechadas representaciones de aquello que es propio del valor que a diario creamos, es aún temprano para saber si las históricas convenciones monetarias irán por el camino de los dinosaurios. Sospechamos, en todo caso, que la competencia está aquí para quedarse, y que la curva de adopción de activos digitales sólo se acelerará, como siempre lo ha hecho con previas disrupciones tecnológicas, y que los rasgos que antes eran dominantes ya están siendo desafiados. Al menos eso fue lo que aprendió Alicia.

Capítulo 5

LA GRAN DISRUPCIÓN PENDIENTE

"La destrucción creativa es el corazón del Capitalismo"

— *Joseph Schumpeter*

Nuestra revolución más reciente, la digital, ha sido sin duda la gran habilitadora del actual capitalismo globalizado que se encuentra ya en su 30 aniversario, arbitrariamente fijando su despegue en la caída del muro de Berlín. Si bien la Revolución Digital adquiere así su nombre con el advenimiento de la Internet y la Web en los años 90s y la democratización del acceso a la información, entretención, y disrupción de todos los datos y comunicaciones hasta la fecha, no ha hecho otra cosa que "pararse sobre los hombros de gigantes". En efecto, eventos como la segunda guerra mundial y el cifrado de comunicaciones, la carrera espacial y la miniaturización, la guerra fría y la balística, los mainframes con su procesamiento de datos de gestión corporativa, la masificación del computador personal con su extensión al escritorio y a los hogares son procesos previos que en ausencia habrían al menos retardado o hecho infactible el actual estado de las artes. El punto cúlmine de esta desenfrenada expansión, aún en curso, es la "movilidad" acarreando consigo al celular, que permite a millones de usuarios saltarse del todo la experiencia del computador personal como si éste jamás hubiese existido.

Uno de los principios más fascinantes formulado hace ya casi un siglo, es el de la "creatividad destructiva", popularizado por el integrante de la escuela austríaca Joseph Schumpeter, que no sólo no cesa de estar vigente, sino que crece a medida que la revolución digital disrumpe incesantemente industrias, multinacionales, estatus quos, modelos de negocios, productos y servicios, y de paso también nuestras costumbres. En el ojo de este huracán (Schumpeter le llama "borrasca") está sentado el emprendedor con sus ideas innovadoras, que, si exitoso, reemplaza a lo viejo con lo nuevo, e incluso puede desplazar a compañías bien establecidas. Ejemplos sobran. Una tras otra las industrias tradicionales han debido adaptarse, en el mejor de los casos adoptando tempranamente nuevos modelos de negocios y tecnologías, y en otros, siendo aplanados literalmente por la innovación y el cambio exponencial. Como la mayoría de las industrias están ya en proceso de disrupción, es más fácil hacer un listado de aquellas que aún no lo han sido. Entre ellas, destaca la Banca y Servicios Financieros, la Salud, la Justicia, y los Servicios Gubernamentales en general. Agregaría a éstos, la Política. Cuando un emprendedor innovador busca oportunidades, un terreno fértil siempre será aquel en que la calidad del servicio sea deficiente o desigual y el cobro desmedido. Creatividad destructiva al acecho.

Una nueva forma de dinero para los tiempos

Entre algunas de las preguntas que los innovadores se hacen frecuentemente, están: ¿Después del agotado dinero fiduciario, qué? ¿Volveremos al patrón oro? ¿Existen mejores formas de dinero? ¿Puedo ser mi propio banco? ¿Existe algún tipo de activo de refugio que sea inconfiscable? ¿Cómo bancarizar a los más de 2 mil millones de personas que no tienen acceso a una cuenta bancaria o medio de pago? ¿Es posible hacer una transferencia de dinero de aquí a las antípodas en forma fácil, rápida, segura, con bajo costo un sábado por la noche desde mi celular? ¿No sería lógico dejar a los algoritmos la administración de los contratos que nos rigen, sin estar sujetos a las interpretaciones sesgadas de las respectivas partes, y al riesgo moral? ¿Podremos algún día monetizar todos los activos de valor que existen, en particular los físicos, y no sólo las acciones y la deuda? ¿Un cuadro? ¿El talento de la joven promesa?

En el medio de la respuesta a estas preguntas, está una frase formulada hace unos años por un visionario actor de la industria: "el software está engullendo el mundo". Hoy podríamos agregar, "los algoritmos y la inteligencia artificial están adivinando el mundo". Y lo presenciamos a diario en cómo el trabajo presencial, acceso a la información, entretención, socialización, comercio y tantos otros irremediablemente han convergido en la digitalización del quehacer humano. Lo inusual no es que Netflix esté desplazando a la TV y a los cines, Amazon a las librerías, Uber a los taxis y Zoom esté demostrando que la mayoría podemos trabajar desde nuestros hogares. Causa al menos extrañeza que después de 25 años de crecimiento exponencial de la Internet y el móvil, no esté ampliamente difundida alguna forma nueva de dinero o moneda nativa digital independiente, que no sólo atienda a las demandas transaccionales, sin necesidad de recurrir a tarjetas plásticas altamente inseguras que son sujeto de estafas reiteradas, o cuentas corrientes de difícil acceso en bancos que funcionan sólo unas horas al día y permanecen cerrados los fines de semana, generando fricción en los pagos, el comercio y la seguridad de dichas transacciones. Sobra mencionar que el dinero depositado como saldos en los bancos es una obligación o pasivo de éstos para con sus clientes, y por ende los saldos monetarios no nos pertenecen como todos solemos pensar. Remítase a experiencias de feriados bancarios, corridas, corralitos y confiscaciones de todo tipo a cambio de bonos devaluados en materia de semanas, si no días.

Llegará un día en que nuestros nietos se asombrarán con nuestras billeteras, chequeras y tarjetas, por la materialidad de todo aquello, pues no podrán concebir cómo la digitalización de todo excluyese por décadas el uso masivo de monedas digitales, análogamente como a las actuales generaciones se les haría difícil concebir una inflacionaria República de Weimar de principios del siglo XX, donde incluso la billetera era insuficiente para procurar el pago de los salarios cada dos días. Intente con una carretilla, literalmente.

Aparte de algunos ejemplos como China en que más del 80% de las transacciones diarias de usuarios es a través de pagos electrónicos (prácticamente imposible usar billetes o tarjetas de crédito), basta aclarar que dichas transacciones digitales son electrónicas en su medio de transporte, pero continúan utilizando dinero fiduciario, sea ya yuanes, dólares o euros, y no constituyen dinero digital nativo y, una vez más, sujeto a las mismas deficiencias y falencias descritas anteriormente.

En consecuencia, mejor atendidas estarían también las nuevas generaciones digitalmente intuitivas y nativas, si migrásemos hacia un sistema monetario no tan sólo más responsable, deflacionario, descentralizado y seguro, sino además fácil de usar, de libre acceso, independiente y, sobre todo, *soberano*. Cortesía de la revolución digital.

Entre las nuevas y revolucionarias monedas digitales nativas, hay una que sobresale y representa, cada día que transcurre, la mejor promesa de responder a algunas de las inquietudes anteriormente planteadas. Después de operar ininterrumpidamente por 13 años, Bitcoin se ha alzado como la mejor forma de dinero que hayamos visto.

Bitcoin es un experimento fascinante, pero de alguna manera sigue siendo eso, un experimento. Como tal todavía tiene posibilidades de fallar. Sin embargo, las probabilidades que ocurra aquello son probablemente menores a 10%, y es que después de 13 años de funcionar correctamente sin interrupción, con más de 60 millones de usuarios, incorporando a más de 1 millón de nuevos adeptos por mes y transando más de US$ 2 mil millones por día en todo el mundo, tiene buenas posibilidades de triunfar.

El estado actual de esta nueva forma de dinero es similar al estado de Internet hacia finales de los 90s, y la del móvil en los 2010s y está siguiendo una curva de adopción muy similar a estas dos redes. Ello tiene sentido pues bitcoin opera sobre la internet y sus capacidades, y por ende no necesitó crear su propia infraestructura, enfrenta menor fricción tecnológica, y basta un clic en una aplicación de un celular para transar, comprar y enviar bitcoin de manera segura, rápida y confiable, sin intermediarios y a bajísimo costo. En los 90s, internet era muy incipiente y experimental. Y al igual que con los primeros días de Internet, hay muchas afirmaciones audaces sobre cómo la cadena de bloques de Bitcoin revolucionará el mundo y resolverá una serie de problemas. Algunas de estas afirmaciones son exageradas o incorrectas. Aunque por el momento la mayoría de nosotros sentimos que no entendemos completamente tecnicismos como la cadena de bloques que la sustenta, con el tiempo todos lo haremos tan bien e intuitivamente como entendemos hoy la Internet. Si tiene éxito, los usuarios iniciales que desarrollaron esta comprensión y esta intuición tempranamente, tendrán una ventaja sobre aquellos que tardaron más en hacerlo.

Para comprender sus principios básicos comprendamos qué cambió cuando la cadena de bloques comenzó a ejecutarse en enero de 2009. Todos los componentes separados de Bitcoin (clave pública criptográfica, bases de datos distribuidas, bases de datos abiertas, tokens y prueba de trabajo) existieron muchos años antes que Bitcoin se activase. ¿Qué cambió cuando esta moneda entró en funcionamiento? ¿Qué era nuevo y potencialmente revolucionario? Lo único que cambió, que puede ser potencialmente revolucionario, es que todos esos componentes se combinaron de una manera nueva, creativa e inteligente para crear la primera plataforma computacional potencialmente soberana. Hasta ese momento, todas las plataformas de computación pertenecían a una persona, a una empresa o a un gobierno y esas plataformas tenían que obedecer a la voluntad de sus propietarios y las reglas de la jurisdicción donde residían. Un soberano sólo obedece a sus propias reglas, nadie puede imponer reglas a un soberano. Reyes y reinas solían ser soberanos, luego los estados nacionales los desplazaron y se convirtieron en soberanos y ahora, por primera vez, una modesta plataforma informática aspira a ser igualmente soberana. Eso es potencialmente revolucionario.

Bitcoin es soberano en el sentido que nadie puede cambiar las transacciones que ya existen en su base de datos y nadie puede evitar que el sistema acepte nuevas transacciones. Los principales recursos que aseguran su soberanía son los mineros y los nodos. Si una computadora portátil fuese la única computadora que soportara dicha moneda en el mundo y también fuese el único nodo en el mundo, no sería una plataforma soberana, y nadie podría confiar en ella. Los mineros y los nodos de la red se aseguran de que cada transacción sea válida, que no se creen nuevas emisiones de la nada, etc. Cuantos más mineros y más nodos se unan a la red, más independiente se hace.

En el mundo de la criptografía, es muy común usar la palabra "descentralizada", a menudo aclamada como un fin en sí misma, cuando en realidad la descentralización es el medio por el cual Bitcoin logra el objetivo final de la soberanía.

Hoy, su red consume más de 10 GW de electricidad al día, lo que es igual a la producción total de electricidad de la planta hidroeléctrica más grande de los Estados Unidos. A menudo este alto consumo de electricidad es usado como una crítica debido a su impacto en el entorno. La mayoría de estas críticas están fuera de lugar: por un lado, un porcentaje amplio de la energía utilizada es cada vez más renovable y por otro, el valor de Bitcoin para la sociedad es proporcional a su consumo de electricidad. Si no utilizara toda esa electricidad, no sería soberana y por ende no tendría valor alguno.

Los mineros se aseguran que la cadena de bloques sea confiable y la protegen de ataques y se les paga en monedas digitales por hacerlo. Si eliminásemos esta recompensa, la mayoría de los miembros de esta gran plataforma dejarían de soportarla y, por lo tanto, no sería muy robusta y soberana. En círculos corporativos, especialmente en instituciones financieras, se ha puesto de moda decir "estoy interesado en la cadena de bloques que subyace detrás de esta moneda, pero no en Bitcoin", que es lo mismo que decir "estoy interesado en la web, pero no estoy interesado en Internet", sin comprender del todo que la web no podría existir sin la Internet que la sustenta.

La pregunta entonces es: ¿dónde puede agregar valor una plataforma soberana? Por ejemplo, un sistema de identidad. Preferimos no guardar toda nuestra información de identidad (nombre completo, número de identidad nacional, fecha de nacimiento, nombre de nuestros padres, nombre de nuestros cónyuges e hijos, nuestra dirección, información de pasaporte, información de pago, etc.) en nuestro celular, que se puede hackear fácilmente. Un sistema soberano que nadie pueda corromper o controlar y que mantenga nuestra información segura y que nos consulte antes cada vez que alguien requiera alguna porción de dicha información, podría ser valioso. Y de paso reemplazar a las notarías del mundo. O permitir que muchas personas puedan por fin acreditar el dominio sobre una propiedad, un terreno, como ocurre con millones de personas en la India. Con estos ejemplos, simplemente estamos tratando de ser creativos y adivinar otros posibles casos de uso, y es seguro que a juzgar por la innovación que está ocurriendo en la industria, aparecerán muchas aplicaciones que no podemos imaginar ahora. Y existen así muchísimas aplicaciones actualmente en desarrollo, siendo la más obvia Bitcoin como un medio de pago, entre otras.

Pero hay un caso de uso que tiene mucho sentido y, de hecho, ya está funcionando bastante bien, y es utilizar esta plataforma soberana para ejecutar un sistema global de valor y liquidación que es en lo que se puede convertir bitcoin, la moneda. Similar a lo que fue el oro durante 2.000 años y a lo que ha sido el dólar estadounidense durante los últimos 70 años. Bitcoin es potencialmente superior al oro (que no se puede utilizar para comprar un café en la esquina, entre muchas otras limitaciones) y al dólar como un estándar apolítico global de valor y liquidación porque nunca habrá más de 21 millones de unidades bitcoins y porque es abierto e incensurable. Nunca habrá más de 21 millones de unidades porque se ejecuta en una plataforma soberana para que nadie pueda cambiar o alterar (y de paso, inflacionar), ese número. Además, no es censurable porque se ejecuta en una plataforma soberana para que nadie pueda modificar las transacciones que ya existen en el sistema y evitar que el sistema acepte nuevas transacciones. Esto permite una libertad económica sin precedentes de la misma manera que internet permitió una libertad sin precedentes de acceso gratis a información. El oro tiene la ventaja que es tangible y muchas personas (especialmente las mayores, quienes tienden a tener más capital) prefieren algo físico que puedan tocar. El oro también tiene a su favor el que ha existido por milenios, y podría ser difícil para Bitcoin competir con esa historia y reputación. El dólar tiene la ventaja que ya es fácilmente entendido y aceptado globalmente. Sólo el tiempo lo dirá. Bitcoin es un candidato a dinero y la mayoría de las formas de dinero no tienen valor intrínseco. Como ya dijimos, el dólar y las monedas de curso legal no tienen valor intrínseco, pero porque han tenido un valor monetario durante mucho tiempo, la mayoría de las personas tiende a percibirlos como inherentemente valiosos, lo cual es una gran ventaja. El obstáculo principal entonces que Bitcoin tiene que sortear para tener éxito es desarrollar una percepción social generalizada similar de valor y lograr esto es un objetivo ambicioso.

Capítulo 6

DESTRUCCIÓN CREATIVA

"Una vez que una tecnología nos pasa por encima, si no eres parte de la aplanadora, eres parte del camino"

— Stewart Brand, escritor

En un notable y presciente ensayo titulado "El software está engullendo el mundo", escrito por Marc Andreessen, fundador de Netscape (el primer navegador popular de Internet) hace más de una década, el visionario empresario tecnológico planteaba la tesis de un mundo en que las empresas con foco en lo digital estaban iniciando un proceso de invasión y disrupción de las estructuras de industrias establecidas. Once años más tarde sus pronósticos aparecen como bastante evidentes e incluso haber subestimado los alcances del fenómeno. Sabiendo que después de la crisis financiera de 2008 las empresas tecnológicas habían perdido su favoritismo que tímidamente estaban recuperando a su vez como consecuencia del fin de la burbuja de los años 90s, y a juzgar por el bajo precio de sus cotizaciones en bolsa, dicho ensayo ha adquirido un reputado prestigio debido a su oportunidad y por despertar en la industria de capital de riesgo un renovado entusiasmo por invertir en este fenómeno que está en plena marcha y continúa acelerándose a tasas exponenciales.

Andreessen planteaba que cada vez más negocios e industrias estaban ofreciendo sus servicios a través de internet, desde películas hasta la agricultura y la defensa nacional. Su argumento era que seis décadas después de la revolución del computador y dos décadas desde la aparición de internet, finalmente todo estaba funcionando apropiadamente, a velocidades aceptables para el usuario y a escala global. Hace una década, el autor imaginaba que el número de usuarios con un celular inteligente conectado a internet alcanzaría al menos a 5 mil millones en una década, siendo la cifra actual 5.300 millones, un pronóstico notablemente acertado.

Existen variados ejemplos de disrupción digital habilitada principalmente por la capacidad de las empresas emprendedoras de utilizar la nube para operar sus aplicaciones, software y bases de datos a una fracción del costo histórico. En sólo diez años, dicho costo operacional promedio bajó desde US$150.000 a menos de US$1.000. De allí que la disrupción ya no es un fenómeno entre pares en una industria competitiva, sino que proviene la mayoría de las veces de emprendimientos foráneos, globales y exógenos al ecosistema establecido.

Ejemplos notables de disrupción

Facebook es hoy la red social más popular del mundo, con 2.700 millones de usuarios activos. Ha disrumpido una serie de industrias, tales como entretenimiento, publicidad y comunicaciones, sin poseer un periódico, revista o empresa de telefonía.

Amazon, con 3.4 millones de títulos, es la tienda de libros más voluminosa del planeta, sin tener una sola tienda física y desplazó a gigantes como Barnes & Nobles y miles de otras librerías establecidas por décadas.

Google desmaterializó la información y el conocimiento, y es hoy la mayor plataforma de publicidad del mundo, sin jamás haber controlado un canal de televisión, periódico, enciclopedia o revista.

Netflix destronó a Blockbuster en el servicio de arriendo de películas y series sin tener una tienda de distribución versus las 9 mil que poseía este último, de paso también desafiando a la televisión por cable, los grandes estudios de Hollywood, sin poseer una sala de cine tradicional.

Airbnb está desafiando a los hoteles sin contar con una sola habitación u hospedaje bajo su control, ofreciendo en su plataforma 7.5 millones de opciones de alojamiento en 100 mil ciudades y 200 países.

Uber es el mayor operador de taxis del orbe, sin tener una flota privada, y sin embargo ofrece 15 millones de viajes diarios y 5 mil millones de viajes en un año.

Recientemente, y a raíz de la pandemia, han emergido disruptores que están martillando los últimos clavos sobre el féretro de al menos varias divisiones de las empresas de telecomunicaciones dedicadas a la telefonía, con el surgimiento de emprendimientos como Zoom con videoconferencias gratis a cualquier sitio del planeta, proceso que había iniciado hace años Skype.

E-stonia, un disruptor de naciones

Tradicionalmente, la población mundial ha estado confinada a barreras geográficas fruto en gran parte del proceso de Revolución Industrial que acrecentó la concentración de las comunidades en torno a grandes ciudades, necesarias para la producción a gran escala requeridas para satisfacer las demandas de los ciudadanos. De allí al surgimiento de las naciones, solo un paso. El problema es que si se nace en un país donde las oportunidades no están disponibles, esta distribución aleatoria de la población condiciona nuestras opciones más que cualquier otro factor.

En un desarrollo significativo de los alcances que los servicios digitales pueden adquirir, está el caso de Estonia, una pequeña nación que con el colapso de la Unión Soviética renació como un país independiente y que se ha transformado en el país digital más avanzado. No es sorpresa que Skype naciera en este lugar por el ubicuo acceso a internet y donde la totalidad de los servicios gubernamentales están disponibles en línea. Como lo describen sus autoridades, Estonia es la "primera sociedad digital con su propio estado", y ofrece un servicio de *e-residencia* a extranjeros que pueden iniciar un negocio sobre la plataforma de este país con acceso a la Unión Europea. En el futuro contemplan agregar servicios de salud y jubilación a sus e-residentes, que además traspasan estos beneficios a sus descendientes.

Efecto Red

Lo que tienen en común todos los ejemplos anteriores es la *desmaterialización* de bienes y servicios de forma global, instantánea y en muchos casos gratis. Si el servicio es gratis, ya sabemos que el usuario es el "producto", ya que los datos acerca de sus comportamientos de compra son vendidos por las empresas proveedoras del servicio. En cualquier caso, las empresas desafiantes escalan rápidamente sus ventas y en particular sus ganancias, ya que sus estructuras de costo operacional son mínimas como describiéramos anteriormente, y también el número de usuarios escala a tasas exponenciales por el efecto contagio que es propagado aceleradamente entre usuarios deseosos de emular a sus contactos en redes sociales. Este fenómeno yace en el corazón de la disrupción digital gatillada por internet, y es el llamado *efecto red*, fenómeno en que el crecimiento geométrico del número de participantes en la red estimula a los proveedores a mejorar el valor de su servicio que a la vez atrae a mayor cantidad de usuarios, creando un círculo virtuoso.

Interesantemente, y en una coincidencia por lo demás destacable, en la misma fecha que el ensayo de Andreessen estaba siendo publicado en el Wall Street Journal, comenzaba a hacer su aparición entre ciberpunks y programadores un experimento que representaba el esfuerzo de docenas de expertos computacionales durante más de cinco décadas y cientos de intentos fallidos, la creación de bitcoin, un activo digital que en apenas diez años cuenta con la misma cantidad de usuarios que internet tenía en el año 1998 y que crece a tasas superiores de adopción que la propia red, pues funciona sobre ella y cabalga sobre sus efectos de red.

Cuando observamos a las grandes redes digitales como Google, Facebook o Apple, y uno analiza el punto en que se transformaron en fenómenos de adopción irremediablemente masivos, fue en torno a un valor de US$100 mil millones. Se tornaron en plataformas con propuestas de valor tan enormes (las tres está entre las 5 empresas más valiosas del mundo), pueden continuar creciendo, aunque a tasas decrecientes, pero siempre con una capacidad insospechada de innovar y agregar nuevos productos y servicios, y si incluso esto fuese imposible, siempre tendrán la capacidad de adquirir nuevos emprendimientos y prosperar. La red bitcoin se ha unido a este prestigioso club, y habiendo superado largamente dicho umbral en 2021, ha superado en ocasiones diez veces dicho valor y alcanzado el puesto 15 en el ranking mundial de monedas.

Para comprender mejor este proceso de desmaterialización o digitalización en que nos encontramos en pleno despliegue, basta remontarse a Einstein y su famosa ecuación $E = mc^2$ de la conservación de la masa y la energía. Si deseamos desplazar una masa, requerimos aplicar energía, en particular en nuestro planeta que tiene una gravedad no menor en comparación a otros cuerpos del sistema solar. A mayor masa, más energía es requerida para desplazarla, menos eficiente el sistema, más recursos y dinero debemos asignar a este proceso. De allí que podemos describir a la gravedad como un "impuesto" o "tarifa" sobre el trabajo humano. Algunos le llaman, apropiadamente, el "pozo de la gravedad" que hemos debido vencer por milenios a través del desarrollo de tecnologías cada vez más sofisticadas. En este sentido, la invención del computador e internet nos permitieron vencer la gravedad y enviar información, entretención y muchos servicios desmaterializados a la velocidad de la luz. ¿Deseamos mover un objeto en forma rápida? ¡Debemos llevar la masa a cero! Al desmaterializar, al quitar m de la ecuación, ($E=c^2$), obtenemos la velocidad de la luz para nuestra ventaja. Existen muy buenos ejemplos de este fenómeno de desmaterialización de átomos por ceros y unos (bytes) en los periódicos impresos, los arriendos de video, música en CDs, billetes y monedas, y tantos otros que están haciendo a las economías sustancialmente más eficientes. La desmaterialización de los bancos, servicios financieros y gubernamentales es otro ejemplo, pues ya no requerimos concurrir a sucursales físicas, y el ahorro de dicho desplazamiento es un ahorro energético y tiempo considerables, y se transforman a su vez en valor o energía monetaria.

El ejemplo más poderoso de desmaterialización es la red bitcoin, que traslada miles de millones de dólares a diario a través del espacio y el tiempo, y está desmaterializando al oro, y por ello es oro digital sin las restricciones naturales de los commodities.

Cuando hablamos de desmaterializar no siempre hablamos literalmente, como podría ser el caso con el desplazamiento de sucursales bancarias por parte de la red bitcoin y sus nuevos servicios financieros descentralizados, sino además del proceso paulatino de irse transformando en una opción a las inversiones inmobiliarias, bonos y acciones, entre otras.

Capítulo 7

BITCOIN ES ORO DIGITAL

"Construimos demasiados muros, escasos puentes"

— Sir Isaac Newton

Bitcoin es un proyecto o experimento, pues se encuentra aún en etapas muy tempranas en su eventual ruta a convertirse en dinero. En ese sentido, bitcoin es un *candidato* a dinero, pero aún no lo es, y esto es compartido tanto por seguidores como detractores.

Cuando hablamos de dinero nos referimos a un mecanismo al que hemos arribado vía consenso social, que utilizamos ampliamente para almacenar valor, realizar pagos mediante transacciones y como unidad de cuenta para valorizar y referenciar bienes y servicios a través de precios.

En su etapa actual de desarrollo, bitcoin es por lo tanto un activo, y se ha establecido como una clase de activos nueva por el consenso que ha logrado obtener como una *reserva de valor*. Sin embargo, es también un medio de pago incipiente dado que muchos retailers ya lo aceptan como tal. Es factible comprar con bitcoin, en transacciones que demoran unos segundos, la capacidad tecnológica está disponible desde sus inicios. Lo que queremos decir es que aún se encuentra en los albores, etapas tempranas para ser aceptado en forma masiva como el dólar, el euro y otras monedas ampliamente establecidas. Recientemente, operadores de puntos de venta de tarjetas de crédito han anunciado convenios para operar pagos en miles de tiendas en EE. UU., de manera que paulatinamente veremos a bitcoin transformarse en un medio de pago ubicuo. Aunque bitcoin no fuese utilizado en el tiempo como medio para comprar, no significa que haya fracasado. Para ello basta comprender que en el mundo hay US$10 millones de millones invertidos en oro como reserva de valor, o algo así como diez veces superior al US$1 millón de millones invertidos en bitcoin. Si agregamos los us$100-150 millones de millones invertidos en propiedades, us$100-150 millones de millones en bonos y us$100 millones de millones en acciones entre otros activos como arte y derivados, bitcoin sólo en el ámbito de reserva de valor representa el 0.05% del total. El camino por recorrer es sustancial, y esto es una buena noticia para aquellos inversionistas que en forma temprana quieran adoptar esta nueva forma de proteger sus ahorros, sabiendo que si bitcoin por ejemplo alcanzara el valor de recursos invertidos en oro (us$10 millones de millones), su valor se multiplicaría por diez.

Bitcoin es oro digital mejor que el oro

Bitcoin es más sólido por una serie de razones, entre ellas su finitud y escasez, pues sólo existirán 21 millones de unidades. Nadie puede modificar ese algoritmo, y a diferencia de cualquier otro activo, moneda, título accionario o metal precioso, es finito por virtud de las matemáticas.

Una forma de calcular la escasez relativa de un activo es a través de un índice que divida el total de dicho activo en circulación por la cantidad de dicho activo que es agregado, emitido o extraído de la tierra en un año (stock-to-flow). Se estima que el índice para el oro es 50 (similar al de bitcoin), que es el resultado de dividir la cantidad total de oro extraída y refinada (100 mil toneladas) por la cantidad *minada* o el oro que logramos extraer de la tierra cada año (2 mil toneladas). Para la plata el índice es 33 y los diamantes 41. En otras palabras, qué tanto se diluye o pierde valor mi activo si otros agregan más del mismo al mercado, una forma de inflación o impuesto. El desafío es que, al aumentar el precio de un activo, siempre habrá incentivos para incrementar la producción de este, y por ello que el índice stock-to-flow de dichos activos en el mejor de los casos se mantiene constante o disminuye.

Bitcoin, por el contrario, posee una regla monetaria de emisión restrictiva pues "imprime" nuevas unidades cada diez minutos cuando despacha un bloque de transacciones, emisión que disminuye cada cuatro años <u>a la mitad</u> (50 btc en 2009, 25 en 2012, 12.5 en 2016, 6.25 en 2020, 3.12 en 2024, 1.56 en 2028, etc) y así sucesivamente hasta el año 2140 en que llegará a cero y alcanzaremos los 21 millones de unidades. A este evento se le denomina *halving* o *partición* literalmente. Bitcoin es entonces un activo deflacionario a diferencia de todos los otros. Al año 2024 bitcoin es el activo más escaso del mundo, con un índice estimado de 63 (superando al oro), y conforme transcurran los halvings seguirá aumentando su índice de escasez pues las nuevas emisiones tendrán menor impacto sobre las unidades ya en circulación. En este momento, de hecho, se ha emitido ya el grueso de los bitcoins, se estima que el 90.4% ya está en circulación, y lo que resta es marginal. En un ejercicio hipotético, y en el margen, podemos afirmar que su stock-to-flow tenderá al infinito. Un activo infinitamente escaso, en que el 90% de sus unidades ya han sido "reservadas".

Bitcoin carece de un vector centralizado de ataque

Es sabido que conforme las civilizaciones e imperios incrementaron su territorio, influencia y poderío económico, debían destinar ingentes recursos para proteger su riqueza. Paradójicamente, a mayor éxito, mayores probabilidades de fracasar en sostener los frutos de sus conquistas. Ya lo sabía el general e historiador griego Tucídides en el siglo IV AC al plantear que inevitablemente un imperio emergente desplazaría al hegemón de turno (la Trampa de Tucídides) en una sucesión de conflictos bélicos o económicos, y es lo que hemos observado invariablemente desde tiempos inmemoriales. Para ello debían recurrir al financiamiento de ejércitos y armadas, erigir fortalezas y muros. Entre las defensas más famosas, está la Gran Muralla China, cuyo objetivo era mantener a los mongoles fuera del imperio. Hablamos de una muralla física, de piedra, de miles de kilómetros de longitud, con un costo enorme de construir y mantener, con torres y puertas y soldados y porteros. Y como todas las fortalezas, nunca realmente sirvieron a su propósito. Todas las barreras "inexpugnables" fueron violadas, traspasadas a voluntad de los invasores. En lo que constituía sólo una cuestión de tiempo, algún celador cometía un error, y de ello estaban pendientes literalmente miles de atacantes, o era derechamente sobornado para dejar una puerta abierta. Y existían miles de estos vectores centralizados de ataque.

¿Un castillo con un foso de agua? Los mogoles iban río arriba y desviaban el curso de agua.

Otro ejemplo destacable lo constituye la Línea Maginot, levantada por los franceses para protegerse de la invasión de Alemania en la Segunda Guerra Mundial, un esfuerzo que tomó quince años y del cual se jactaban los franceses por su ingeniería y llegó a ser la mayor línea de defensa del mundo moderno. Los tanques alemanes simplemente la rodearon y atravesaron por las Ardenas en Bélgica.

Por su carácter descentralizado, la red bitcoin no posee porteros ni controladores, y funciona tras un muro de energía encriptada que no puede ser violentada pues el costo-beneficio de un ataque concertado es virtualmente imposible dado que el costo energético sumado al costo de los cientos de miles de computadores requeridos es sustancialmente superior a la recompensa. Si aparecen computadores más poderosos, esa capacidad computacional superior estará disponible también para fortalecer la red bitcoin y será adoptada por sus mineros. Todo lo anterior suponiendo que el ecosistema bitcoin permanece indiferente a dicho ataque, algo que no ocurrirá por el monitoreo constante que el enjambre de procesadores realiza a tiempo completo, y por ello esta red jamás ha sido *hackeada*.

Como contraste, confiamos nuestros recursos, activos e inversiones a terceras partes, a personas e instituciones que son falibles, cometen errores, retienen los recursos de los clientes sujeto a regulaciones estrictas, cobran comisiones en cada operación posible, son asaltados frecuentemente y en la era digital son hackeados a diario pues sus sistemas son obsoletos entre otras razones por su carácter oligopólico que les garantiza ganancias por ley. No es coincidencia que la industria financiera tradicional funciona solo de 9:30 AM a 4:30 PM. Requieren del resto del tiempo para organizar, saldar cuentas, realizar consolidaciones entre bancos, corredores y una larga lista de instituciones, pues el dinero tradicional no es programable y en reemplazo de una automatización a medias tienen literalmente millones de individuos dedicados a estos procesos. La industria financiera tradicional, los bancos, están plagados de porteros.

Bitcoin es resiliente

La principal cualidad del oro, a quien muchos llaman despectivamente "objeto brillante", "piedra sonsa" o "roca inmóvil", es su inmutabilidad. Existe como un metal hace miles de millones de años en la Tierra y en el Espacio, conseguimos extraerlo y fundirlo y utilizarlo en forma industrial. Pero sigue siendo un objeto inerte. Como tal, no puede crecer, expandirse o aprender, o defenderse de un ataque por sí mismo. No tiene capacidades Darwinianas ni resiliencia en el sentido de adaptarse al medio y sus cambios.

Probablemente la cualidad más relevante de bitcoin es la fortaleza de su *ecosistema*, conformado por un ejército de desarrolladores que actualizan la plataforma basada en *software* de código abierto, por miles de plataformas que a diario (24 horas al día, 365 días al año) transan volúmenes enormes, por *mineros* que aplican energía computacional a través de miles de computadores que transforman energía eléctrica en procesamiento, seguridad, control y la aplicación de reglas matemáticas que permiten prescindir de autoridades, instituciones, gobiernos, políticos e intermediarios. Sin una gerencia, un directorio o un departamento de marketing, y ciertamente sin un Banco Central que induzca crecientes crisis financieras con sus políticas erradas y posteriores intervenciones para rescatarla de las mismas. Cuando el precio baja, y bitcoin ha experimentado caídas de 80% en varias oportunidades, no hay petición de salvataje alguno, no solicita medidas gubernamentales ni feriados bancarios, no sufre de corridas bancarias y no pide reducciones de interés para animar a sus inversionistas. Cuando hay una crisis de precios, la red bitcoin continúa ejecutando sus transacciones y emisiones, imperturbable, pues sus reglas algorítmicas inmutables son conocidas por todos de antemano y están escritas a fuego por medio de las matemáticas. El ecosistema bitcoin, cuando analizamos sus variados ángulos y ejes, es un milagro del ingenio humano.

El ecosistema bitcoin no termina allí. Existen fabricantes de procesadores introduciendo chips especializados para minar bitcoin, productores de hardware especializados (ASICs) diseñados sólo para la red bitcoin, proveedores de energía que están incrementando en su portafolio a las energías renovables más baratas ya que éste es el principal costo operativo de la red bitcoin, desarrolladores de aplicaciones móviles para los usuarios, fabricantes de dispositivos físicos para almacenar bitcoin de manera privada, abogados propiciando regulaciones que permitan a la industria crecer. Existen países que ya han adoptado a bitcoin como moneda propia y en consecuencia hay naciones enteras que son ahora parte del ecosistema que la utilizan en sus vidas cotidianas. No cesan de inventar nuevas formas y capacidades, algo que el oro y los activos tradicionales no pueden hacer. En otras palabras, el oro no se está fortaleciendo, carece de antifragilidad, no se está actualizando tecnológicamente, permanece inerte, y carece de un ecosistema que día y noche esté aportando a su desarrollo.

Finalmente, son los usuarios de la red bitcoin, sus inversionistas, los tenedores de este activo, quienes representan el mayor valor del ecosistema. Al ser entrevistado, un famoso inversionista billonario de Wall Street se refirió a una cualidad de la red bitcoin que le impresionó sobre todo el resto: la convicción de sus usuarios. Su impresión surgió luego de analizar un índice que mide la proporción de usuarios que mantienen sus bitcoins por un periodo mayor a uno, dos y tres años, incluidas épocas de corrección de gran magnitud. Una cifra superior al 75%.

Bitcoin es programable

A medida que vamos profundizando en el conocimiento acerca de bitcoin, se hace evidente que, dada su naturaleza multidimensional, no es fácil de comprender de buenas a primeras. De allí que muchos inversionistas que no han dedicado el tiempo a leer, explorar y comprender su propuesta de valor, lo reducen a un instrumento especulativo y se concentran en comprar y vender momentáneamente, fallando en apreciar que es una sobresaliente forma de almacenar valor a largo plazo, que además de ser un mecanismo antiinflacionario y anti-devaluación, dada su naturaleza tecnológica, ofrece beneficios insospechados a sus usuarios, opciones que son programables sobre su protocolo.

Bitcoin tiene dos capas o niveles. En su capa inferior o capa base del protocolo, ofrece la capacidad de hacer transacciones de altísimo volumen monetario, en una cantidad razonable de transacciones, del orden de 7-10 transacciones por segundo. Si comparamos esa velocidad con operadores de tarjetas de crédito, que realizan 50 mil transacciones, bitcoin es claramente más lento. Pero esto no es una debilidad sino una fortaleza. Como en todas las variables en la naturaleza, hay un *trade-off*, un intercambio de una cualidad por otra. Si aumentamos el número de transacciones en cada bloque cada 10 minutos, comprometemos la seguridad de dichas transacciones, y dado que en un bloque pueden ir miles de millones de dólares, se ha optado por proteger la integridad de dichos traspasos. La red bitcoin en esta capa fundamental asegura además que se cumplan los consensos y reglas que la rigen. Es aquí donde nos aseguramos que jamás existirán más de 21 millones de unidades, la emisión de nuevos bitcoins cada diez minutos, los ajustes de la dificultad de emisión según el poder computacional que entra y sale de la red, etc. **Aquí se aloja la Constitución que la rige**, por así decirlo. Es en este nivel que compite con el oro en dureza, estabilidad e inviolabilidad, y es donde sobre todas las cosas nos aseguramos que la red es inviolable, no se pueda hackear. La integridad, seguridad y durabilidad de la red se alojan en la capa base del protocolo. Si deseamos que esta red opere por siglos y sea utilizada para transportar y almacenar millones de bitcoins, no es deseable modificar o contaminar el protocolo base, queremos que sus leyes estén escritas en piedra. Inalterables.

En 2017 hubo intentos infructuosos por modificar el protocolo base por parte de un grupo de desarrolladores, conducentes a aumentar el tamaño de los bloques de transacciones, de manera de disponibilizar más espacio para transacciones y así aumentar su velocidad. Detrás de este intento estaba la visión de bitcoin como medio de pago, antes de consolidarlo como una reserva de valor. El problema fundamental de esta filosofía es que bitcoin es aún muy volátil en su cotización, con fluctuaciones importantes que en un día pueden superar un 10-20%. Pocos usuarios están dispuestos a comprar digamos un vehículo por US$30 mil, sabiendo que, si bitcoin se aprecia rápidamente en 20%, perdió US$6 mil en dicha adquisición. Aquello no significa que siempre será así. En un principio la cotización del oro sufría de la misma volatilidad, pero a medida que creció su base de usuarios y su capitalización de mercado, se estabilizó en torno a variaciones de 1%, como ocurre con las monedas, acciones y otros instrumentos maduros y de amplia presencia.

La red Lightning

Como una respuesta a aquellos que demandaban mayor velocidad y una superior cantidad de transacciones, e ir posicionando a la red bitcoin como un medio de pagos al detalle en el futuro, surgió una aplicación (de una empresa tecnológica privada) que opera sobre la capa base del protocolo bitcoin, en una segunda capa, la capa del protocolo de aplicaciones. Siguiendo una analogía, el protocolo base es el motor, y el protocolo de aplicaciones es la carrocería, como en la Fórmula 1 Honda licencia su motor a Red Bull, quien se dedica al chasis, la aerodinámica y hacer al auto más rápido y competitivo. Especialización para ganar.

La red Lightning permite concentrar cientos de miles o millones de transacciones en el tiempo (días, semanas meses), las acumula y consolida, para luego en forma resumida portar al protocolo base para ser validadas por la red bitcoin resumidas en una sola transacción versus muchas transacciones. Un ejemplo de este proceso es la cuenta del bar, en que un cliente consume a diario bebidas y comida, consolidando esos consumos, evitando pagar cada uno en forma independiente, sino a fin de mes cuando el bar emite una sola cuenta que es pagada en una sola transacción. En el caso de los pagos Lightning, un cliente y un proveedor abren una cuenta a través de una aplicación móvil, el cliente carga la cuenta con una cierta cantidad de bitcoin, compra bienes y servicios versus ese prepago, y de mutuo acuerdo van liquidando el pago final en una sola transacción en bitcoin. Este mecanismo de consolidación permite multiplicar la velocidad, número de transacciones y velocidad de la red, haciendo a la red bitcoin más veloz que los procesadores de tarjetas de crédito. Esto permite a la red bitcoin ser muy escalable, crecer en funcionalidad, algo que otras formas de dinero no pueden lograr, pues no son programables. Un último ejemplo que podemos citar es el caso de Mercedes Benz, que desarrolla un motor (protocolo base o capa 1) altamente eficiente, duradero y estable que van mejorando a través de décadas y que es producido por una división independiente cuyo único foco es la motorización. En paralelo, varias divisiones de la misma compañía e incluso de otras empresas, son invitadas a desarrollar diferentes carrocerías (protocolo de aplicaciones o capa 2) destinadas a buses, camiones, embarcaciones, etc.

Existen otras aplicaciones de segunda capa, y en el tiempo existirán muchísimas, pues no hay restricciones que constriñen al protocolo base. Entre ellas, Taro, que permite la creación de otros activos financieros tales como coleccionables, Non Fungible Tokens (NFTs) que son representaciones de creaciones artísticas, musicales, juegos y en general activos digitales desmaterializados.

La genialidad de un dinero cuando es programable es que podemos hacer todo tipo de cosas que son imposibles con un metal precioso o una moneda o con máquinas mecánicas, porque el oro es mecánico y bitcoin es virtual. Entre dichas posibilidades, está la habilidad de los computadores de comunicarse entre sí, mientras nosotros descansamos o dormimos, y ello abre un sinnúmero de aplicaciones tales como finiquitar un pago de un siniestro de una póliza de seguros sin intermediarios, generar una calificación crediticia en forma automática o autenticar partes en una transacción comercial sin la necesidad de un notario, entre otras.

En el futuro es probable que existan también productos financieros de capa 3 o superiores, cada vez más cercanos al usuario y esto ocurrirá cuando el sistema bancario-financiero tradicional comience a integrar sus propios servicios a través de aplicaciones móviles de pago, tarjetas de crédito respaldadas y pagadas con bitcoin, créditos respaldados con bitcoin como colateral, sistemas de fidelización acumulables en bitcoin, entre muchas.

Finalmente, podemos concluir que dada la naturaleza exponencial de mejoras tecnológicas digitales de computadores y programas que las gobiernan, y para ello basta ver en YouTube cómo nos vencen consistentemente en el juego de ajedrez, y los computadores nos están venciendo en todo, que vendrán algoritmos programados que harán transacciones por nosotros mientras estamos dedicados a otras cosas. Esto no es posible con el resto de los activos no-bitcoin porque no podemos conectar esos activos a este nuevo sistema.

Comparación oro, Bitcoin y dinero fiduciario

Durabilidad: el oro es indudablemente el rey de la durabilidad. La mayoría del oro que jamás ha sido minado, incluso el oro de los faraones aún permanece entre nosotros y probablemente lo estará en mil años.

Bitcoin y el dinero fiduciario, por otro lado, son fundamentalmente registros digitales que pueden tomar un formato físico, tales como billetes. De allí que no es su manifestación física la que debe ser considerada, dado que un billete en mal estado puede ser sustituido por otro más nuevo, sino la permanencia de la institución que los emite. Sabiendo que muchos gobiernos e instituciones desaparecen constantemente, y con ellos sus monedas, podemos aseverar que esta forma de dinero es frágil.

Bitcoin, a su vez, sin contar con una autoridad emisora, podría ser considerado como durable si la red que la sostiene permanece en el tiempo. Dado que aún está en su infancia, es temprano extraer conclusiones acerca de su durabilidad, aunque a pesar de múltiples ataques cibernéticos e intentos de censura por parte de gobiernos, la red no ha cesado de operar, mostrando antifragilidad.

Portabilidad: bitcoin es por lejos la reserva de valor más portable jamás creada. Con apenas una clave privada y un dispositivo USB, literalmente cientos de millones de dólares pueden ser transportados en el bolsillo. De igual forma, enormes sumas pueden ser enviadas entre dos puntos cualesquiera del orbe casi instantáneamente. Lo mismo ocurre con el dinero fiduciario, sin embargo, altísimas regulaciones y controles de capital implican que tomen días e incluso semanas, y en algunos casos sea imposible.

El oro, siendo físico, de alta densidad y con mucho peso, se hace prácticamente imposible de transportar, pues es oneroso, altamente riesgoso y lento.

<u>Fungibilidad</u>: el oro y bitcoin son formas más fungibles de valor que el dinero fiduciario, pues se registran varias instancias en que un billete ha sido sacado de circulación, como recientemente en India para evitar el mercado gris y falsificaciones, en que retiraron billetes de altas denominaciones que terminaron siendo devaluados.

<u>Verificabilidad</u>: si bien el oro y los billetes son verificables para comprobar su autenticidad, en el caso del oro se debe constantemente hacer auditorías para certificar que los lingotes sean 100% puros y no contengan alguna aleación o metal extraño. En el caso de los billetes, a pesar de incorporar nuevas tecnologías para evitar la falsificación, éstas continúan ocurriendo. Bitcoin, por su lado, puede ser verificado con certeza matemática.

<u>Divisibilidad</u>: bitcoin es por lejos el más divisible de los tres, pudiendo fraccionarse en 100 millones de unidades. Los billetes son también suficientemente divisibles para el uso diario. El oro es el que presenta más dificultades para ser fraccionado y ser utilizado en transacciones diarias, siendo muy deficiente frente a los otros.

<u>Escasez</u>: el atributo que más nítidamente distingue a bitcoin del resto es su escasez predeterminada en 21 millones

de unidades. Esto permite conocer con exactitud la emisión diaria, mensual o anual en cualquier momento y estimar por ejemplo que a lo más el 0,03% de la población podrá tener a lo más 10 bitcoins. El oro ya sabemos que aumentará su producción en función del aumento del precio, y que el dinero fiduciario es emitido a discreción, y su devaluación constante es ya una característica más que un accidente.

<u>Reputación</u>: ningún bien monetario tiene una vida tan prolongada como el oro, aunque no pueda aseverarse lo mismo sobre el dinero fiduciario que, en su relativamente corta historia comparado con el oro, ha demostrado no ser confiable para mantener su valor en el tiempo. Bitcoin, a pesar de su corta existencia, ha resistido suficientes desafíos que le han hecho más fuerte y, como toda tecnología, está sujeto al efecto Lindy, que sugiere que mientras más tiempo permanezca en existencia, mayor la confianza y las probabilidades de continuar entregando valor.

<u>Resistencia a la censura</u>: por lejos la cualidad más importante de bitcoin, y que le distingue a su vez del resto de formas de reserva de valor, es su inevitabilidad. Dada la ausencia de intermediarios en la red bitcoin, por definición tanto el dinero fiduciario como el oro no pueden competir pues están sujetos a todo tipo de controles y sanciones, ya que para su mero funcionamiento requieren de regulaciones en cada etapa del proceso.

Capítulo 8

CÓMO FUNCIONA BITCOIN

"La raíz del problema con el dinero convencional es toda la cadena de confianzas requeridas para que funcione"

— Satoshi Nakamoto

Uno de los insumos más críticos de la red bitcoin es su consumo de energía, requerido para mantener su integridad y seguridad, así como su emisión de nuevas unidades, su sistema monetario. Como hemos descrito en otros capítulos, la red bitcoin es energía eléctrica transformada en energía monetaria a través de un proceso de encriptación en la que participan aproximadamente 2 millones de computadores, capacidad computacional que continúa creciendo a tasas de 10% anual. Con ello la red se hace cada año más fuerte.

Satoshi Nakamoto (o el grupo de personas que se autodenominó así) diseñó los algoritmos de esta manera excepcionalmente robusta pues a diferencia de otras redes como internet cuyo protocolo base sólo transporta <u>información</u> o el protocolo de correo electrónico que sólo transporta texto, la red bitcoin transporta <u>valor monetario</u>, nuestros ahorros, nuestros activos. No es infrecuente ver traspasos de dinero equivalentes a US$1 mil millones en bitcoin en una sola transacción. Para ello generó una serie de leyes o consensos inmutables en el protocolo base que dictan los roles e incentivos de los **mineros** que operan los computadores, los **nodos** (en el modelo del dinero fiduciario existe un solo nodo, la Reserva Federal de EE. UU.) que verifican y almacenan cada transacción de la **cadena de bloques** actual e histórica y los **usuarios** con sus billeteras digitales que realizan transacciones. Todo lo anterior en forma automática, sin porteros o intermediarios, sin jamás detenerse. Nadie se puede oponer a una transacción, y una vez finalizada, es irreversible e inoponible pues la transacción es al mismo tiempo la consolidación. Tiene finalidad absoluta.

Blockchain o cadena de bloques

La cadena de bloques bitcoin (blockchain) es semejante a un libro de asientos contables (ledger) donde se registran todas las entradas y salidas de dinero (envío y recepción de bitcoin), un libro de acontecimientos digitales. Como las transferencias no requieren de intermediarios centralizados que identifiquen y certifiquen la información, se encuentra distribuida en todos los nodos independientes, en un duplicado instantáneo idéntico para todos, que la registran y la validan sin necesidad que haya confianza entre ellos.

Cada diez minutos, las transacciones son agregadas a un bloque que es validado en una serie de iteraciones y se estima que después de una media docena de confirmaciones, el bloque es declarado como final y definitivo.

Pero Satoshi no se detuvo allí, y resolvió una serie de desafíos que en el curso de décadas permanecían irresolutos, siendo uno de los principales el problema del **doble gasto**.

Resolver el desafío del doble gasto es comprender que en el mundo digital en que vivimos, cualquier foto, archivo, mensaje que se encuentre digitalizado, puede ser enviado, intercambiado y copiado libremente a través de internet, correo electrónico o redes sociales, gratis. En un clic podemos enviar 1 millón de veces la misma selfi, y eso no es gran problema y a nadie le importará. Pero cuando un usuario tiene digamos 1 bitcoin, podría ocurrir que enviase el *mismo* bitcoin a diferentes personas, "gastándolo varias veces", sobre representando su verdadera tenencia del activo bitcoin. Para resolver este dilema, Satoshi inventó la **prueba de trabajo** (proof-of-work), quizás si el corazón de la red bitcoin.

Prueba de Trabajo

El proceso mediante el cual los *mineros* y *nodos* verifican bloques, validan transacciones y aseguran la integridad y seguridad de la red, está basado en la prueba de trabajo. Originalmente, este concepto fue desarrollado en los años 90s como una manera de frenar ataques sobre una red de spam, hackeos y piratería, requiriendo al atacante camuflado como un actor honesto, presentar una cierta capacidad de trabajo, poder computacional o tiempo de procesamiento. Un currículum de capacidades, por así ejemplificar.

Los datos del libro contable con las transacciones de la red bitcoin son encriptados, proceso que permite ocultar la información y datos de las transacciones por medio de códigos producidos por un algoritmo o fórmula, para posteriormente ser decodificados o desencriptados con una clave en el destino. Todo este proceso requiere de mucha capacidad de procesamiento, y los computadores de alto poder precisan para ello consumir energía eléctrica. En otras palabras, por un lado ingresa energía en forma de watts que es transformada en encriptación en forma de hashes (números para indexar datos). La capacidad total de la red de bitcoin se mide en hashes, y en la actualidad asciende a 230 exahashes o algo así como la generación de 10^{18} (1.000.000.000.000.000.000) códigos encriptados en un segundo. Esto la transforma en la red más poderosa del mundo.

Emisión de bitcoins y recompensa a los mineros

Sabiendo que los mineros deben invertir capital en computadores de última tecnología, que se deprecian en corto plazo, y también en gastos operacionales sustantivos como la energía eléctrica, mantenimiento y supervisión, Satoshi consiguió resolver en forma brillante dos problemas en uno.

Cada vez que un minero consigue validar un bloque de transacciones, y su probabilidad de éxito es directamente proporcional a su capacidad de procesamiento dedicada a la red, se emite una recompensa en bitcoins que es tanto un premio al minero para recompensar su esfuerzo, y al mismo tiempo constituye la emisión de nuevas unidades monetarias. Habrá instancias en que el minero venderá toda su recompensa en bitcoin en el mercado abierto, retendrá en otras parte del premio como una forma de ahorro o inversión en reserva de valor. Crecientemente, los mineros están ahorrando en bitcoin, hipotecando esas unidades para obtener préstamos para el pago de gastos operacionales. Al retener esos bitcoins, aumenta la escasez, produciendo presión al alza del precio de estos. Cualquiera sea el caso, cada 10 minutos se "acuñan" nuevas unidades hacia el límite final de 21 millones.

Consumo de energía

Una de las facetas más polémicas de la red bitcoin es su consumo de energía, y que recientemente se ha transformado en un vector de ataque por parte de aquellos incumbentes que temen la disrupción de sus respectivas industrias.

La red bitcoin consume 91 TWh por año o algo así como el 0.09% de la energía producida en el mundo. En comparación, la industria bancaria consume 250 TWh, la extracción de oro 200 TWh, la industria de la aviación 4.030 TWh y los centros de datos 204 TWh, entre otros. Curiosamente, la red bitcoin consume menos energía que las secadoras de ropa (108 TWh).

Si bitcoin avanza y se transforma en la reserva de valor del mundo, aumentando paulatinamente su capitalización de mercado, sus usuarios alcanzan a los miles de millones como otras grandes redes digitales lo han hecho en la última década y como pareciera estar ocurriendo a juzgar por su curva de adopción parabólica, su consumo energético es categóricamente inferior a la industria financiera tradicional.

A medida que la red aumenta su tamaño, y supongamos que su volumen crece diez veces, su consumo energético se multiplicará por una fracción de éste, probablemente se duplicará. La explicación viene dada por las eficiencias tecnológicas de las nuevas generaciones de procesadores más rápidos y de menor consumo, el uso de la red Lightning que descongestiona la red, los contratos de energía más baratos que constantemente deben renegociar los mineros para sobrevivir.

Bitcoin es un consumidor creciente de energías renovables (64.6%). A medida que éstas continúan desplazando a las tradicionales y más sucias basadas en hidrocarburos (CO_2), contribuyen a "limpiar" la red bitcoin. Adicionalmente, los mineros son clientes de productores de energía varada o extraviada (stranded energy), tal como la quema de petróleo en chimeneas de refinerías, y de exceso de energía en horas de máxima producción en plantas solares que permiten a la red eléctrica balancear excesos de oferta en el sistema. Un minero bitcoin puede desconectar en segundos su operación, permitiendo así al controlador central de una red regional balancear demanda y oferta, constituyendo una suerte de batería para el sistema.

Bitcoin como monetizador de energía

En la actualidad la red bitcoin es el cliente industrial más grande del mundo, y como tal es un excelente socio para los productores de energía. Es mejor que un centro de datos, incluso superior que los centros de Google, por ejemplo, pues éstos últimos requieren además de una fuente energética próxima, acceso a anchos de banda enormes vía fibra óptica para el intercambio de datos y ésta no se encuentra disponible en cualquier sitio. A 40 centavos de dólar por Kw/Hora, que es el valor que genera un minero en bitcoin, es un cliente muy atractivo para cualquier generador eléctrico, pues permite en El Salvador monetizar la energía térmica de un volcán que está en un lugar remoto y que, alternativamente vendiendo dicha energía a distancia, recibiría tan solo 5 centavos. Así, podemos monetizar toda la energía de una cascada, toda la energía de un reactor nuclear. Podríamos incluso minar en el Polo Norte. Para "trasladar" la energía sólo basta una conexión satelital, y estamos monetizando esa energía vía exahashes o poder computacional, e "imprimiendo" bitcoins para el mundo.

El último gran cliente energético en décadas pasadas fue la industria del aluminio, con un 40% del costo. En el caso de bitcoin, se estima en 80%. A diferencia del primero, no requiere de un puerto para embarcar el producto terminado ni mineral de aluminio como insumo, y tampoco de líneas de transmisión que producen gran impacto ambiental a través de la naturaleza prístina.

Es sabido que las empresas eléctricas son altamente reguladas, tienen nulo o escaso poder tarifario, y es prácticamente imposible que puedan subir sus tarifas un 100% por ejemplo, pues sus precios son frecuentemente congelados por la autoridad política. Por las razones expuestas anteriormente, es posible predecir que prontamente las empresas eléctricas se integrarán a minar bitcoin directamente, pudiendo generar utilidades superiores. Esto constituiría un excelente desarrollo para bitcoin ya que los grandes productores energéticos son parte del tejido económico y político de las economías locales, y dada su regulación le otorga a la red bitcoin robustez y una nueva fortaleza.

Ataques de denegación de servicio

Un vector de ataque a cualquier red digital es uno en que, a través de una sobrecarga de peticiones de información y transacciones, se intenta penetrar *firewalls* u otros mecanismos de defensa. En el caso de la red bitcoin y su cadena de bloques, dicho ataque requeriría el consenso del 51% de los actores del ecosistema de la red para intentar modificar un bloque de transacciones en forma retroactiva. Nunca ha ocurrido y se estima que hace ya a partir de unos años, es virtualmente imposible dado que el atacante requiere acumular el poderío concertado de 1 millón de computadores, cientos de millones de dólares en gasto energético y burlar además todos los mecanismos de control, monitoreo y verificación de la red. Crecientemente, un eventual ataque ya no es cuestión de poder computacional, sino económico. La red bitcoin ha construido un "muro de energía encriptada."

Capítulo 9

BITCOIN COMO ENERGÍA MONETARIA

"Bitcoin es un arca de energía encriptada para salvarnos del diluvio de dinero fiduciario"

— Michael Saylor, CEO Microstrategy

Es bastante sorprendente que el ser humano haya arribado al actual estado de cosas, el dominador o depredador en la cima de la cadena alimenticia del reino animal. Para ello debió a través de millones de años ir aumentando el tamaño de su cerebro conforme a leyes darwinianas para sobrevivir en un ambiente muy hostil, sin mayores recursos para organizarse y protegerse de feroces depredadores, en un planeta aún en esos tiempos muy inestable, a través de glaciaciones, calentamiento global, inundaciones, erupciones volcánicas y las amenazas de otras especies de homínidos, neandertal y denisovanos, entre otros. Sorprendente.

El regalo de los titanes

Si uno tuviese que elegir un solo elemento disponible en la naturaleza, en los orígenes de nuestro largo deambular sobre este planeta, cuyo descubrimiento y dominio es el responsable de nuestra supervivencia, es la *energía* del fuego. Todo gracias a Prometeo.

Prometeo, "previsor" en la mitología griega, era uno de los líderes de los titanes en su lucha contra los dioses del Olimpo por el control de los cielos. Según la tradición, se le encargó a Prometeo la tarea de dotar a las especies vivientes de dones y habilidades para sobrevivir y prosperar en la difícil Tierra, tales como pieles y alas, pero al momento de repartir dichos dones a los hombres, éstos se habían agotado. Sintiendo lástima por los humanos, Prometeo se dirigió al taller de Atena en el Olimpo, y procedió a robar el fuego para luego entregárselo a los hombres. Prometeo pagó caro por dicha osadía, y fue castigado por el magnífico Zeus, desterrado a las montañas de los Urales. Confinado por la eternidad, encadenado a una gran roca donde periódicamente un águila procedía a devorar su hígado, este último se regeneraba cada noche, para el beneficio de la voraz depredadora. Hércules, viendo que la hazaña de Prometeo era bien intencionada, disparó su certera flecha y doblegó a su némesis.

Gracias en gran medida al regalo de Prometeo, somos el animal más prevalente sobre este planeta, con +8 mil millones de humanos, seguidos por las ovejas con más de mil millones, vacunos (980 millones), perros (800 millones) y gatos (400 millones). Si agregamos a los roedores, sin embargo, se estima que su población podría igualar a la nuestra e incluso doblarla, y para ello existe una serie de teorías evolutivas que no viene al caso recordar, pues suenan a catástrofe para nuestra especie.

Una herramienta formidable

Una preocupación prevalente en la evolución del hombre moderno desde los albores de especies precursoras a la nuestra tales como Lucy (Australopithecus Afarensis) en las mesetas de Turkana en Kenia hace unos 3 millones de años, ha sido la canalización o focalización de la energía para nuestra supervivencia. En un principio era la energía básica aeróbica de nuestro cuerpo, y la breve estatura promedio de 1-1.2 metros sin duda debió representar un desafío irremontable frente a un tigre, león, pantera o hiena frente a un simple garrote o posteriormente lanza e incluso con el más sofisticado arco y flecha, no constituían gran defensa si además agregamos a la ecuación el enfrentarse a una jauría de estos depredadores atacando desde todas las direcciones.

Y si estamos aquí, usted leyendo y yo escribiendo, es porque nuestros antepasados consiguieron utilizar estas energías y su creciente corteza cerebral para pensar, decidir, organizarse e inventar herramientas.

El fuego no es más que una reacción en cadena liberada por la materia, convirtiendo materia en energía, liberando energía latente tal como lo hace un trozo de leña al quemarse en la chimenea. Si para los seres humanos envejecer es una oxidación en cámara lenta, el fuego es una oxidación violenta. Luz del sol almacenada.

Aunque en el mundo moderno en que vivimos no pensamos demasiado en aquello, pues siempre tuvimos al fuego a nuestro lado, para un individuo hace 100 mil años significaba que podía ir a dormir al centro de un fuego periférico diseñado para sobrevivir al ataque de una serpiente, ahuyentando de paso a los mosquitos con el humo de la hoguera, y evitando congelarse en las duras eras glaciales que además debieron soportar. Si además usaban su astucia, podían arrinconar y luego desriscar a un animal por un barranco con el uso de una antorcha para luego descender con la esperanza que alguno hubiese fracturado su cuello para luego cocinar sabrosas proteínas, dieta fundamental de nuestros antepasados por milenios y que contribuyeron al crecimiento de sus cerebros.

Está demostrado por paleontólogos que nuestra anatomía evolucionó gracias al dominio de esta fuente de energía primitiva. La capacidad de pre cocinar y por ende pre digerir la carne y otros elementos fibrosos permitió no sólo incrementar la variedad de alimentos, sino acortar la cadena de nuestro aparato digestivo y la consecuente absorción de calorías y proteínas en órdenes de magnitud superiores. ¿Y todo lo anterior con cuál objetivo? Una vez más, con el propósito de generar un balance energético superior en que el exceso de energía es destinado al funcionamiento del cerebro, uno de los órganos más demandantes de flujo sanguíneo. Para demostrarlo, basta observar que los animales que no cocinan sus alimentos con fuego tienen cerebros más pequeños. No es coincidencia que la especie humana sea la única que juega con fuego.

¿La energía del fuego, el correo electrónico de nuestros ancestros?

Pero los usos del fuego no se detenían allí. Con fuego podíamos finalmente ver en la oscuridad y comunicarnos a la distancia haciendo señas con algún tipo de código básico que indicaba peligro o llamar a una reunión entre tribus de manera que el fuego fue probablemente nuestro primer mensajero corriendo a la velocidad de la luz. Siguiendo algunos conceptos del autor Yuval Noah Harari, es la creación de estos símbolos que luego se transformaron en lenguaje lo que nos permitió propagar dichas historias durante milenios, y que nos hace esencialmente *narradores*.

Es sorprendente pensar que, en tan sólo 100 mil años, aquellas señales de humo o de fuego, se transformaron en líneas de código que hoy permiten controlar máquinas y computadoras, y también nuevas formas de dinero cibernético. Para ejemplificar de otra manera, si la Tierra existe hace 12 horas, nuestra especie arribó 30 segundos antes de las 12. Según esto, el hombre moderno como lo conocemos sólo lleva en este planeta unos 10 segundos, ya que los restantes 20 segundos fue el tiempo que tomó evolucionar desde nuestros ancestros primates.

El ascenso del hombre

En la óptica que hemos ido desarrollando, en que el avance de la especie humana está directamente correlacionado con el dominio creciente de la energía, vimos cómo la utilización del fuego produjo un salto cuántico en el desarrollo de sus capacidades, y que luego de una oscura y temible Edad de Piedra en que es francamente asombroso que nuestra especie haya del todo sobrevivido, avanzamos, en una suerte de Renacimiento, hacia eras de avance exponencial con la fabricación de herramientas y armas de bronce y luego acero. En este proceso, fuimos dominando el uso de otras diversas energías más sofisticadas como la hidráulica, la cinética y la gravedad.

Si íbamos a dominar el mundo, debíamos ser capaces de dominar energías más resistentes, duraderas, rápidas, poderosas y sobre todo más inteligentes. Y eso es lo que hicimos.

La energía del agua, al igual que la del fuego, es tanto una *fuente* energética como una *red* energética. Podemos almacenarla y podemos distribuirla. La energía del agua es formidable, y esto debe haber comprendido alguno de nuestros antepasados digamos observando el oleaje de una tormenta sobre el mar Mediterráneo hace miles de años. Pero el agua además posee una energía que logramos dominar milenios antes que la energía del oleaje, que aún se encuentra en etapa de experimentación pues es más complejo capturarla, almacenarla y distribuirla, y ésta es la *flotación*. Intente empujar un bloque de piedra de 1 tonelada a través de la arena del desierto para luego subirla 10 metros de altura para ubicarla sobre una estructura. Pero si construye un canal sobre el cual desvía el agua del río y luego empuja la piedra sobre una balsa por kilómetros si fuese necesario, basta un solo hombre empujando con su brazo pues el agua empuja a su vez hacia arriba la misma tonelada con su propia fuerza. Y luego construya un canal vertical donde ubica la misma balsa con la piedra y llene el ducto con agua, de manera que suba sin mayor esfuerzo que el de la energía hidráulica, tiene una pirámide egipcia. Y es probable que inventaran de paso las modernas esclusas.

No es coincidencia que todas las civilizaciones que florecieron lo hicieran cercanas o contiguas a un mar, como los egipcios, griegos, cartagineses, romanos, venecianos, bizantinos y otomanos que permitieron el surgimiento de pináculos del ingenio humano en ciudades costeras como Alejandría, Atenas, Roma, Venecia, Cartago y Constantinopla. La energía hidráulica al servicio del hombre.

Una civilización que dominó el uso de variadas formas de energía, fueron los romanos. Pero no sólo se destacó por aquello, sino que fundamentalmente Roma se transformó en un ejemplo de organización, negociación de consensos y disciplina admirables, y que el abandono de muchos de sus preceptos en nuestro tiempo explica en buena medida el deterioro de algunas democracias en la actualidad. ¡Aunque los historiadores y cineastas parecen haberse concentrado en la caída del imperio, debemos recordar que su vida como república se extendió por 700 años! No existe otra que le compita hasta nuestros días. Y eso fue antes de transformarse en imperio.

Existe una frase famosa utilizada en EE. UU. y Europa y que proviene justamente de los fines de la era republicana romana, que alerta sobre los "Idus de Marzo", y se refiere al asesinato de Julio César que marca la transición hacia la era del imperio romano. Originalmente y en el sentido contrario, en el calendario pre-juliano más antiguo marcaba la mitad del primer mes del año, es decir el 15 de marzo, y el comienzo de grandes festividades, un día de suerte y buenos augurios, que coincide con el fin del invierno y el comienzo de una nueva administración, cada año, durante siglos. Negocian, erigen candidatos, hacen propaganda, conducen elecciones, eligen a un par de Cónsules, que a su vez eligen a otros oficiales y así sucesivamente. A continuación, los Cónsules conducen un par de semanas de ceremonias religiosas en que todos veneran a sus dioses, les agradecen por lo que está por venir, y los romanos elevan sus espíritus y ánimos en un festival de emociones y entusiasmo, recordando que son únicos y grandes. Celebran. Simultáneamente, forman y entrenan ejércitos durante seis semanas. Es el 1 de mayo, ha mejorado el tiempo, han quedado atrás las lluvias, el lodo, los ríos caudalosos, el mar se ha apaciguado. En esos tiempos, más soldados morían por causas naturales, fenómenos de la naturaleza que por fuego enemigo. Usan la energía de la naturaleza a su favor. Esperan una buena señal. Comienzan las campañas, batallas y guerras, algunas nuevas, otras que aún están en curso. En octubre, regresan a sus cuarteles de invierno.

Roma era una maquinaria de guerra altamente eficiente, y se lo tomaban muy seriamente a la hora de conquistar el vasto territorio que alguna vez congregó a más de la mitad de la población del planeta. Cuando comenzaba la guerra, allí terminaba la justicia y la equidad. Cada armamento era estandarizado al máximo, cada pieza numerada y fabricada en diferentes confines del imperio, fácilmente reemplazable. Todas iguales. Las lanzas medían lo mismo, de manera que, no importando la estatura o corpulencia de cada soldado, si un enemigo se acercaba, su suerte estaba echada pues una fila de soldados lado a lado estaba allí para aniquilarlo. En los cientos de batallas documentadas, y a diferencia de muchas otras civilizaciones, los romanos dejaron todo por escrito para nuestro privilegio, siendo los historiadores romanos los mejores que hayamos conocido y que aún continuamos estudiando, los ejércitos romanos tomaban la posición más alta en una ladera, con el viento a su favor, y desde allí desencadenan el infierno lanzando fuego, napalm, flechas y proyectiles, desplazando al enemigo a las planicies. Disparan proyectiles (sí, ellos inventaron las balas de plomo), que impulsadas por hondas poderosas traspasan corazas de cuero, fracturan costillas, noquean a soldados con cascos. Utilizando la energía de gravedad desde las colinas, sus balas son aún más letales. Antes de moverse, los romanos han aniquilado al menos el

80% de la fuerza enemiga, sólo molestándose en el combate cuerpo a cuerpo cuando está ya todo decidido.

Pero Roma era un imperio terrestre y los Cartagineses dominaban hasta entonces el Mediterráneo con sus veloces y eficientes naves. En una ocasión, y azotada por una tormenta que la llevó a las costas romanas, una nave cartaginesa fue capturada en excelente estado. Los romanos la desarmaron, pieza a pieza, y descubrieron que las partes estaban no sólo numeradas sino además tenían impresas instrucciones precisas respecto a cómo encajarlas. Los cartagineses habían estandarizado toda su flota. En tan sólo unos meses, los romanos construyeron 150 embarcaciones y en poco tiempo dominaban las aguas mediterráneas.

Hay variadas razones por las cuales la longevidad romana rompió todos los récords, pero en su esencia los romanos eran ingenieros. Y los ingenieros disfrutan tomando los desafíos que plantea la naturaleza, transformándolos en soluciones utilizando las energías disponibles.

Estándares y protocolos

Las técnicas anteriores eran necesarias y atrajeron muchos triunfos y gloria, pero no eran suficientes. El vasto imperio requería de infraestructura de transportes y comunicaciones, y una vez más los estándares fueron aplicados a estas necesidades. Es probable que los protocolos y estándares fueran inventados mucho antes y seguramente los egipcios tenían los propios, pero los ingenieros romanos los llevaron a un nivel superior. ¡Si no existen protocolos, es muy difícil que todos cooperen! Si podían movilizar sus tropas y armamentos más rápido que sus enemigos, estaba garantizado el triunfo. Construyeron una extensa red de caminos de piedra con capas de diversos materiales para el drenaje y canaletas para conducir las aguas lluvia (dicha técnica no ha cambiado en esencia hasta la actualidad, salvo los materiales). Todos del mismo ancho, utilizando los mismos puentes de piedra en arco. Los carruajes utilizaban idénticas piezas y fabricaban muchos repuestos adicionales para la ruta. Más importante aún, los carruajes tenían todos la misma trocha, la misma distancia entre ruedas, y circulaban por canaletas previamente impresas sobre los caminos. La lógica de esto es si se tiene diferentes anchos de trocha, una rueda va sobre la canaleta y la que no produce la rotura del eje entre otros problemas de estabilidad. Estas vías pueden ser apreciadas aún en la ciudad de Roma y en particular en Pompeya. Curiosamente, dicha trocha es aproximadamente la actual medida de los rieles ferroviarios, aproximadamente cinco pies. Un obsequio de los romanos.

No podemos dejar de subrayar la importancia de los protocolos en el mundo moderno, y lo permanentes que se tornan cuando han sido establecidos y aceptados por los actores de una industria.

El dominio de formas energéticas superiores

Si nuestra especie progresó, es porque fuimos dominando niveles superiores de energía dada la destreza que adquirimos en *canalizarlas*. Al dominar el fuego, canalizamos energía química. Al dominar los proyectiles, canalizamos energía cinética, y al lanzar 100 flechas con arcos estábamos trasladando energía desde este lado de la colina a la planicie más abajo. Al dominar la hidráulica, canalizamos energía gravitacional trasladando carga de un sitio a otro sin mayor esfuerzo (luego menor esfuerzo aún con la energía del viento a través de la invención de las velas) y posteriormente la transformamos en energía eléctrica moviendo una turbina. La energía del viento la canalizamos en energía también cinética y recientemente eléctrica. Últimamente capturamos la energía del sol y sus fotones y la canalizamos a través de electrones sobre un cable de cobre. Y así con la física de partículas que canalizamos en energía atómica que luego transformamos en energía eléctrica. En resumen, los humanos prosperamos *canalizando* diferentes formas de energía.

Para entender estas analogías, es necesario remontarse a qué entendemos por energía y cuáles son sus estados básicos, pues una de las grandes conclusiones de este libro es que la única manera de comprender el significado del valor y el dinero de ahora y siempre, pero en particular la nueva forma de dinero que está emergiendo, es desde el vector energético, pues es energía crecientemente más compleja, pero órdenes de magnitud más eficiente. Es que las formas de energía más sofisticadas, *siempre* se impusieron a las anteriores.

El valor como energía monetaria

En el capítulo anterior vimos cómo las redes digitales de algunas empresas con servicios de internet son *fuegos* que han sido liberados a la sociedad. Arden con intensidad, y a diferencia de sistemas que requieren energía para funcionar, éstos desmaterializan o colapsan otros servicios casi siempre más lentos, caros, que tienen restricciones físicas o fricción para ser ubicuos, liberando valor a sus usuarios en la forma de entretención, transacciones, publicidad, comercio y energía monetaria en forma exógena, y a sus inversionistas en forma de ventas, utilidades, capitalización de mercado y valorización creciente de sus valores accionarios. Al liberar energía, pasan a un estado energético más bajo, más eficiente. En otras palabras, billones de dólares en energía monetaria. Cada buena tecnología es más inteligente, eficiente, más rápida y duradera. Apple desplazó entre muchos a monopolios como Kodak, agregando una o tres cámaras digitales a sus celulares y pudo enviarlo a 500 millones de personas en unos días, Google puede empaquetar la Biblioteca del Congreso norteamericano o todas las bibliotecas del mundo y bajarlo a nuestros dispositivos móviles en unos segundos y Facebook puede mejorar dramáticamente la forma en que nos comunicamos con nuestras amistades y familiares en forma instantánea.

El desafío mayor, sin embargo, a estas alturas de nuestro desarrollo, es cómo almacenar y enviar la energía a través del espacio-tiempo y a través de los dominios, entendiendo como tales a los países o estados en los que estamos confinados, otro obsequio de los romanos. Una pregunta que surge entonces es ¿cómo muevo energía de París a Sídney?

Uno de los métodos más eficientes que tenemos para transportar electricidad es a través de la red eléctrica. Combustionamos algún hidrocarburo (carbón, petróleo, etc.), canalizando energía química a energía eléctrica. Perdemos 35% en el proceso. Al transportarla a la red de alto voltaje, podemos moverla unos 500 kms., y perdemos un 2%. Al alcanzar su destino, es necesario transformar el voltaje a 240 volts o menos, un 4% de pérdida. Perderemos un 6% para disponibilizarla en nuestros hogares. Y aún no la podemos llevar de París a Sídney. Al arribar a nuestra casa, debo utilizarla de inmediato. No puedo almacenarla. Están avanzando las baterías, pero aun así, pierden mucha energía, más de 25% en un año. Al final del proceso, desde la planta al hogar, la vida media de la energía es de 3.5 años en 10 años, de manera que sólo me queda un 15% de la energía original. Todo el planeta está operando sobre estas redes eléctricas, y no son demasiado buenas. En otras palabras, estamos perdiendo servicios, productos y avances fenomenales en hogares, industrias y oficinas por la ineficiencia de las redes eléctricas. ¡Si la energía que alimenta nuestros celulares hubiese sido tan eficiente como la red eléctrica, no habríamos tenido la revolución móvil!

La conclusión entonces es que la energía, a pesar de ser el motor del desarrollo de los humanos por millones de años, tiene enorme valor monetario, pero carece de durabilidad. Este es un desafío importante, y sin embargo hemos inventado formas de almacenar y canalizar la energía a través de otros medios.

¡El dinero es energía!
Históricamente hemos transformado energía en capital o valor, luego lo hemos almacenado en forma de un metal precioso por milenios a través del oro, porque es una buena batería, no pierde su forma y consistencia, no se degrada y mantiene su estado energético de manera admirable y por ello siempre fue la mejor forma de dinero. En el tiempo, al abandonar su uso como medio de intercambio y unidad de cuenta y utilizarlo sólo como reserva de valor, hemos inventado las monedas de curso legal, y cada país tiene la propia. Hemos visto también cómo esta forma de dinero ya no sirve a los propósitos de la humanidad.

Retomando el ejemplo de la red eléctrica, supongamos que tomamos US$100 millones y lo invertimos en oro, o en una "red monetaria de oro". Para trasladarlo desde un sitio a otro, digamos 200 kms., es necesario invertir en servicios de seguridad, a un costo promedio de US$50 mil (dependiendo del nivel se seguridad y el país donde me encuentro). Claramente el oro es energía monetaria más barata de transportar que la energía monetaria a través de la red eléctrica (0.1% versus 6%). Y esto es lo que llamamos transportar valor a través del espacio.

Si por otra parte queremos trasladar o guardar valor a través del tiempo, el mismo oro lo almacenamos en bóvedas en un país seguro como EEUU, que domina el mundo, tiene armamentos, jamás ha sido invadido en la era moderna, tiene control sobre los mares, y hacemos un supuesto heroico que el banco que contratamos permanecerá vigente por 100 años, nadie robará o confiscará el oro como ya ocurrió en dicho país en los años 30s cuando se abandonó el patrón oro antes de cambiarlo por dólares respaldado por oro, arribamos a un resultado igualmente poco auspicioso. Sólo por el efecto de mayor minería anual, alrededor de 3% de este metal es extraído del suelo (su tasa de dilución), de manera que la "batería energética oro" (o la "red oro"), pierde el 87% de su valor en 100 años, asumiendo que ningún otro evento político, militar o económico agrega entropía a la ecuación. Si nada de aquello ocurre, obtengo el 13% de mi valor monetario de vuelta. ¿Qué hubiese ocurrido con ese oro en una bóveda en Berlín en los años 20, en Tokio o Beijing en una de las guerras mundiales?

La razón fundamental por la cual almacenar valor en *commodities* es una mala idea, se debe a que cuando los producimos, necesariamente debemos invertir enormes sumas de capital en plantas que sólo pueden producir ese commodity. Si queremos producir gasolina en una refinería, aunque baje el precio, siempre seguiremos produciendo gasolina, porque tenemos un margen variable, incluso produciendo a precios *bajo* los costos pues ocurre que el gobierno puede tomar control de la operación (riesgo de contraparte) u obligarnos a mantener los empleos. Estamos produciendo a precios inferiores forzando a todos los otros productores a esos precios. Lo mismo ocurre con el oro y la plata. De allí que el negocio de los commodities sea tan difícil, porque si estoy produciendo a costo o incluso a pérdida, no tengo otra opción, no puedo tomar esa enorme inversión y al día siguiente comprar acciones Apple.

Cuando el efecto contrario ocurre, y sube el precio, fluyen los mismos capitales a la explotación creciente de estos productos, forzando los precios a la baja, ingresando en el mismo ciclo vicioso descrito anteriormente. No es sorpresa que las empresas intenten *descomoditizar* sus productos para diferenciarlos y escapar del nefasto ciclo, invirtiendo en publicidad y tecnología. Dependiendo del producto o servicio, hay empresas que lo consiguen, pero inevitablemente aquellas que lo logran, lo consiguen a través de la disrupción tecnológica. Baste recordar que cuando una industria o empresa es víctima de la obsolescencia, decimos que han sido *comoditizados*.

Un ejemplo notable de este fenómeno vía disrupción tecnológica es una empresa de cereales (una de las más grandes del mundo en la actualidad) que, a principios del siglo XIX, en que el desayuno no era muy prevalente, inventó y patentó una manera de almacenar y conservar el almidón o cereal de maíz (un commodity) en una caja de cartón, que podía durar un año, ausente de bacterias u hongos peligrosos. Energía estable. La propuesta de valor es "al consumir este producto, no peligra su vida". Pero la innovación no se detuvo allí. Almacenamos agua con azúcar en una lata (estable a temperatura ambiente), carteras y muchos otros productos, e invertimos recursos en crear una marca, para diferenciarlos, para evitar ser comoditizados, aunque la industria de la piratería no ceja en su intento.

Podemos a esta altura arriesgar algunos corolarios, si nuestro análisis tiene algún mérito, como sigue:

Todas las revoluciones traen consigo el dominio de formas de energía cada vez más sofisticadas, puras, concentradas y más veloces en su propagación sobre el espacio-tiempo.

Cada buena tecnología lo es gracias a su superior velocidad, resistencia e inteligencia.

Toda empresa exitosa, independiente de su producto o servicio, es en el fondo una empresa tecnológica, posee una receta secreta o *secret sauce*.

Lo cual nos conduce a la red bitcoin.

Bitcoin es la forma de energía monetaria más eficiente jamás inventada

Hemos visto en capítulo anteriores por qué el dinero de curso legal es una forma deficiente de energía monetaria para transportar en el espacio-tiempo pues su vida media es apenas 27 años, los intermediarios que mueven el dinero cobran comisiones muy altas (2-3% las tarjetas de crédito, spreads de al menos 1% en todo el resto), estamos confinados a operar sólo unas breves horas y en días de semana, no podemos enviar dinero o transar un día Sábado, los bancos toman una semana para enviar un traspaso al extranjero, los saldos que los clientes mantienen en cuentas corrientes constituyen un pasivo para el banco (IOU o I Owe You), de manera que ese dinero es una obligación que la institución puede o no honrar al verdadero dueño (corralitos y feriados bancarios de por medio), y finalmente, es constantemente devaluado (el dólar estadounidense ha perdido el 98% de su valor en 3 décadas) por los gobiernos que lo controlan y distribuyen en forma centralizada (recordar el efecto Cantillon). Hay una buena explicación en el por qué Manhattan posee los edificios más altos del mundo concentrados en una isla, y es por esos márgenes y comisiones que de otra manera pertenecerían a sus clientes (US$600 mil millones en un año).

Al someter a la red bitcoin o a la energía monetaria de bitcoin al mismo ejercicio del oro, la electricidad y el dinero como formas de energía monetaria y tomamos aquellos US$100 millones, es dinero que está siendo transportado a la velocidad de la luz a través de una red altamente segura y distribuida, que jamás ha sido hackeada, que en sólo unos minutos arriba irremediablemente a su destinatario en cualquier lugar del planeta o incluso al espacio si así fuese necesario, y algún día será necesario cuando colonicemos irremediablemente la Luna o Marte. Un estado energético bajo, con muy poca fricción. Hemos vencido la fuerza de la gravedad, estamos subiendo del profundo pozo de la gravedad a la cual hemos estado confinados desde esas primeras flechas y hondas. Es la primera vez que logramos canalizar energía sin fricción o pérdidas a través del espacio-tiempo.

Podemos enviar us$100 millones por una comisión de us$5 dólares o us$0.00000005, o algo así como 50 mil veces más barato y 1400 veces más rápido, y entonces si multiplicamos estos factores las cifras se tornan muy interesantes, y ahora hablamos de un medio que es 50 millones de veces más eficiente.

En términos de depreciación, bitcoin no puede ser devaluado porque su emisión está matemáticamente limitada a 21 millones de unidades, algoritmo que nadie puede modificar. Tampoco puede ser confiscado, porque una transacción es *final*, es decir la transacción es al mismo tiempo la liquidación, a diferencia del oro y el dinero de curso legal que requiere de instituciones intermediarias para aquello y que pueden y son intervenidas, con tiempos de finalidad que pueden tomar días, semanas y en algunos casos meses. En este sentido, bitcoin es instantáneo.

En cien años, allí estará produciendo bloques de transacciones, inexorablemente como lo ha hecho durante 12 años sin saltarse un pulso, un bloque cada 10 minutos, a la fecha 800 mil bloques sin errores o controversias, 700 millones de transacciones, con un promedio de us$40 mil millones diarios y aumentando. Como un reloj, inmutable.

Bitcoin es la energía monetaria más sofisticada y eficiente que el ser humano haya jamás desarrollado. Y lo es porque es la mejor forma que hemos inventado para controlar, almacenar y canalizar energía, y por ello está destinada a ser exitosa. Es la primera forma de dinero digital y como tal es también un protocolo además programable. Bitcoin está canalizando el ingenio humano para mejorarlo, a diferencia de los commodities y otras formas de dinero que lo han hecho para limitarlo. Bitcoin es fuego en el ciberespacio.

Capítulo 10

HIPERBITCOINIZACIÓN

"Sería lógico unirse a la causa en caso que funcione. Si muchos piensan igual, se puede transformar en una profecía autocumplida"

— *Satoshi Nakamoto*

Un concepto antiguo entre los adeptos a un cambio de régimen monetario, la *hiperbitcoinización* ha sido materia de especulación tanto intelectual como financiera. En esencia, se refiere al proceso de reemplazar al dinero fiduciario por bitcoin.

Un término acuñado en los albores de bitcoin, entonces nada más que un incipiente experimento, pocos podrían afirmar que este nuevo oro digital tiene hoy, ocho años más tarde, pocas posibilidades de éxito o que cerca de 200 millones de usuarios y dos países ya hiperbitcoinizados están equivocados en percibirlo como un mejor orden de cosas.

En la primera etapa de este proceso, las monedas más débiles de economías más bien pequeñas comienzan a ser reemplazadas por bitcoin, tal como ha ocurrido ya con El Salvador y la República Central de África. Pareciera ser sólo cuestión de tiempo hasta el anuncio de nuevos países sumándose a esta decisión que les permite entre otras cosas albergar esperanzas de escapar de monedas arruinadas y teniendo poco que perder.

En una segunda etapa, es probable una pérdida de premio monetario de instrumentos sustitutos que actualmente utilizamos como reserva de valor y que el dinero fiduciario no tiene, tales como el oro, bonos, títulos accionarios e inmobiliarios. En la actualidad estos instrumentos tienen un lugar y uso en la economía, pero sus cualidades como reserva de valor serán menos necesarias una vez que tengamos un nuevo estándar de dinero sólido. Un resumen comparativo de éstos versus bitcoin:

Bonos: con retornos negativos y la burbuja de estos instrumentos llegando a su fin, no existe lógica alguna en mantener estos instrumentos.

Inmobiliario: una de las inversiones más confiscables y sujetas a impuestos, altamente ilíquida y cuyo valor depende de la política monetaria, jurisdicción y regulaciones locales.

Acciones: beneficiarias directas del efecto Cantillon, sus precios continuarán al alza mientras los bancos centrales puedan sostener las tasas de interés cercanas a cero. En el largo plazo debiesen mantener retornos superiores a las monedas, siempre y cuando no ocurran colapsos financieros

Oro: tiene algunos usos industriales en joyería y electrónica, e inferiores cualidades monetarias comparadas con bitcoin. No puede ser tele portado a través del planeta, requiere de intermediarios y confianza tercerizada en transacciones, verificación y almacenamiento seguro.

No estamos argumentando que estos instrumentos desaparecen o son reemplazados, sino que pierden paulatinamente su ponderación en los portafolios de inversión de individuos, empresas, fondos de inversión privados y soberanos.

Impactos a largo plazo de la hiperbitcoinización

<u>Eliminación de fricciones en los mercados cambiarios</u>: con un par de centenas de monedas nacionales en el orbe, este mercado es considerado el más grande del mundo, con un volumen anual de US$2.400 millones de millones (US$2,4Q), que sin embargo no existía hace cien años. El incesante intercambio de monedas producto del flujo

comercial transnacional trae enormes costos y riesgos. A través de la historia, hemos visto que períodos de consolidación monetaria en unas pocas formas de dinero es beneficioso.

<u>Tasa de preferencia temporal más baja</u>: como ya hemos visto, la devaluación constante de las monedas obliga a los consumidores a deshacerse rápidamente de éstas por formas más sólidas de ahorro, privilegiando el consumo presente versus ahorro futuro. De otra manera y como lo plantea el economista austríaco Hans-Hermann Hoppe, la tasa de referencia baja basada en dinero sólido es altamente civilizatoria, lo que permitió tanto el auge de Roma, Bizancio, Venecia, Florencia y el Imperio Británico y la posterior caída como efecto de la devaluación de sus monedas.

<u>Disminución del rol del Estado</u>: el dinero fiduciario permite a los Estados gastar en forma crónica vía emisión de bonos permanente. En las últimas cinco décadas, EE. UU. ha obtenido superávits en sólo cinco ocasiones y su actual déficit representa el 130% (US$30 millones de millones o US$30T) de su PGB. La calamitosa sucesión de guerras del siglo XX a partir de 1914 fue habilitada por la impresión de dinero fácil que retiraron poder adquisitivo de los bolsillos de los ciudadanos.

De una economía basada en deuda a una basada en el ahorro: siendo el sistema monetario actual basado en deuda, nuevo dinero ingresa a circulación por medio de la creación de préstamos, manipulación de tasas de interés, más deuda, y la inflación consiguiente que es requerida para depreciar la deuda de manera que el Estado no caiga en cesación de pagos (default), un truco que los bancos centrales manejan muy bien. Entre los economistas, este punto es altamente controversial. Argumentan que esta es la única forma en que el mercado puede funcionar.

Inflación más controlada: en función de una menor emisión de masa monetaria, podríamos observar una atenuación de los ciclos inflacionarios y un aumento en el poder adquisitivo de la nueva moneda digital.

Menor Efecto Cantillon: cuando se imprime dinero, aquellos cercanos a la emisión monetaria (el Estado y el sector financiero) obtienen más tempranas y mejores condiciones. A medida que gastan e invierten, suben los precios de los activos para todo el resto. A menor dinero fiduciario, menor efecto Cantillon, menor desigualdad.

Atenuación de los ciclos Manía-Depresión: en un mundo con dinero sólido no necesariamente desaparecerán las crisis, pero tienen el potencial de atenuarse, pues al disminuir las intervenciones sobre tasas de interés, oferta monetaria y salvatajes, ocurre una selección natural donde los excesos son purgados en la economía por medio del reciclaje de inversiones no rentables en forma automática.

Si bitcoin tiene éxito, puede que reemplace a algunas monedas nacionales. Podría transformarse además en una moneda supranacional que existe sobre todas las monedas fiduciarias nacionales. Si tiene éxito, puede ser un estándar global apolítico de valor y liquidación. El mundo ya tiene un estándar de medida global no político en el patrón metro, y un estándar global estándar apolítico de peso en el patrón kilo. Sería inconcebible que cada cierto tiempo cambiáramos la longitud del metro o la masa del kilo de acuerdo a consideraciones políticas. De hecho, eso es lo que hacemos constantemente con nuestro estándar de valor actual. Hoy usamos el dólar estadounidense como un estándar, que es mucho mejor que nada, pero bastante imperfecto: ha perdido una cantidad significativa de valor desde el inicio, es difícil saber cuántos dólares circularán en el futuro y, cada vez más, la capacidad o la incapacidad de usarlo como plataforma depende de consideraciones políticas. Sanciones de por medio.

El mundo sería mucho más estable y funcionaría mejor con un estándar de valor global no politizado. De hecho, sólo los bancos pueden participar en la mayoría de las redes de liquidación (como SWIFT, Fedwire, ACH en los EE. UU.,

CHAPS en el Reino Unido, SEPA en Europa, Visa y Mastercard, etc.). Individuos, corporaciones y gobiernos sólo pueden acceder a dichas redes a través de los bancos. El uso de estas redes es extraordinariamente lento (días e incluso semanas), el proceso es opaco y costoso y cada vez más la capacidad de utilizarlos es determinada por consideraciones políticas. Imaginemos una plataforma abierta donde cualquier individuo, corporación o gobierno pudiese hacer transacciones con cualquier otra persona, corporación o gobierno en cualquier parte del mundo, en tiempo real y de forma gratuita, 24/7 y 365 días al año. Esto habilitaría un mejor dinero de la forma en que la Internet habilitó el acceso a la información.

En un mundo en el que bitcoin tiene éxito, todas las monedas se pueden cotizar en satoshis (la fracción más ínfima de bitcoin). Cuando nuestros nietos pregunten cuál es el precio del dólar neozelandés, alguien dirá: el dólar de Nueva Zelanda equivale a 72 satoshis al día de hoy. ¿Y el precio de la lira turca? 21 satoshis. ¿El dólar estadounidense? 107 satoshis. ¿Un barril de petróleo? 5.600 satoshis. PIB global? 97.356.765 bitcoins. ¿El PIB de Indonesia? 1.417.007 bitcoins. O algo por el estilo.

Bitcoin y su cadena de bloques es un protocolo abierto. No es una empresa. La historia de los protocolos es muy diferente a la historia de las compañías. En el devenir de las organizaciones hay muchos cambios, irrupción y claudicación (Microsoft-Apple, eBay-Amazon, Altavista-Google, MySpace-Facebook, etc.) Sin embargo, la historia de los protocolos es muy diferente. Una vez que se establece un protocolo, éste casi nunca cambia. Por ejemplo, ahora utilizamos IP (Protocolo de Internet, o simplemente "Internet") para casi todo el transporte de datos (hasta finales de los 90, los enrutadores Cisco solían soportar docenas de protocolos, hoy sólo transmiten IP). Estamos utilizando sólo un protocolo web y sólo un protocolo de correo electrónico. El protocolo de correo electrónico, por ejemplo, es bastante deficiente. A nivel de protocolo no hay forma de saber si alguien recibió mi correo electrónico, e incluso si el destinatario lo leyó. No hay forma de verificar mi identidad, no hay forma de manejar el spam y muchas otras funcionalidades que podrían mejorarse. Es seguro que algunas personas ya han desarrollado protocolos de correo superiores, pero no pareciera importar y lo más probable es que nunca nos enteremos: una vez que éste se asienta, se convierte en el único estándar para ese caso de uso y no es posible desplazar con uno mejor.

En la actualidad pareciera que el protocolo estándar para una plataforma soberana será bitcoin y su cadena de bloques. Existen muchas tecnologías y aplicaciones interesantes que se están experimentando con otras criptomonedas y otras cadenas que, si tienen éxito, se pueden tejer sobre ésta. No parece ser lógico invertir grandes cantidades de nuevo hardware y electricidad para replicar la soberanía cuando ya tenemos una plataforma soberana sólida. Es más eficiente simplemente construir sobre él, y es el curso que está siguiendo el actual desarrollo tecnológico.

En uno de sus libros, Hayek aboga por "el establecimiento de monedas privadas emitidas competitivamente y que, en lugar de mantener un número inmanejable de ellas, los mercados convergerían en una o sólo un número limitado de normas monetarias, en las cuales se basarían las instituciones en base a su calificación de solidez". Transcurrido casi medio siglo, sus palabras adquieren un nuevo significado, a medida que la experimentación continúa aceleradamente.

Finalmente, bitcoin continuará pasando por altibajos, y si fallase, será fácilmente reinventado ya que ahora se sabe cómo funciona. En su estado actual, puede que no sea ampliamente utilizado en transacciones. Puede ser demasiado volátil. Por ahora. Pero es la primera moneda soberana creada fuera del ámbito público centralizado. Por los usuarios y para los usuarios. Su mera existencia puede ser un recordatorio para los gobiernos, que el dinero ya no es necesariamente su monopolio. Esto otorga a la mayoría de sus potenciales usuarios y a todos nosotros una especie de póliza de seguros contra un futuro Orwelliano…

Anexo 1

CASO DE ESTUDIO: EL SALVADOR

Existen países sobre los cuales escasamente uno se entera por noticias alentadoras, si del todo. Situado en una geografía caracterizada por compartir con otros vecinos centroamericanos cualidades altamente rentables para la prensa tradicional como la pobreza, delincuencia, alta tasa de homicidios y un flujo constante de inmigrantes a EEUU procurando empleo y un bienestar esquivo en su patria, El Salvador es de aquellos países en los que un en apariencia insignificante cambio en el relato proveniente de una nueva administración de gobierno, puede permitirle alcanzar los titulares internacionales e incendiar de paso las redes sociales, en esta oportunidad generando al menos polémica. Aquello es ya un avance y habrá obligado a algunos lectores a desempolvar el mapa a la hora de ubicar a esta pequeña nación costera famosa por sus playas y pupusas. Y eso es exactamente lo que ha ocurrido en 2021 cuando la nación centroamericana ha anunciado el despacho de una ley que entre otras cosas adopta a bitcoin como moneda de curso legal, junto al dólar estadounidense, pudiendo los ciudadanos elegir libremente entre uno y otro para sus transacciones, ahorros, deudas y pago de impuestos. Una primicia a nivel mundial.

La polémica no ha demorado en suscitarse y las primeras andanadas, como era de esperar, han provenido de instituciones monetarias internacionales como el FMI, BIS (Bank of International Settlements, llamado así el banco de los Bancos Centrales) e incluso del congreso norteamericano que con legítima preocupación observan este caso como un eventual desafío a su hegemonía. Con gran celo han dominado el orden mundial financiero de posguerra, y en particular administrado el dominio del dólar como moneda de reserva mundial. Es evidente que este fenómeno hasta ahora aislado tiene pocas posibilidades de generar algún impacto significativo, y por tanto la verdadera noticia es la reacción que esta insignificante nación ha provocado, salvo que a continuación, y como suele suceder, el entusiasmo de otras naciones en principio también de tamaños menores genere un efecto dominó de insospechadas consecuencias.

En tan sólo unos meses, el grueso de la población ha descargado la aplicación móvil gubernamental salvadoreña así denominada Chivo, que es ampliamente utilizada en el país para realizar transacciones y ahorrar. Cabe destacar que la bancarización es bajísima, no superando el 30% en zonas urbanas, y 27% en zonas rurales. Sin embargo, la penetración de celulares alcanza el 94.5%. Repentinamente, la totalidad de la población tiene ahora acceso a su propio banco. Sin intermediarios. Sin comisiones. Sin restricciones.

El Salvador es un país con pocos recursos y como todas las naciones andinas, tiene volcanes, pero a diferencia de otros países en el cordón de fuego del Pacífico, la población vive sobre las laderas de los volcanes, encima de ellos literalmente, como puede el visitante apreciar al visitar su capital San Salvador. Con ingenio e inversión, han utilizado por años la energía térmica, agua caliente y vapor, para impulsar turbinas en la generación eléctrica. Actualmente, el país está minando bitcoin utilizando esta fuente que es de las más renovables y limpias.

La ambición es amplia, y el próximo paso es emitir deuda vía un "bono volcán" por US$1.000 millones destinando la mitad de los fondos para adquirir bitcoin y el resto para invertir en la construcción de una "ciudad bitcoin", transformándola en un polo de atracción de desarrollo tecnológico e innovación. Un experimento utópico según sus detractores, que ha obligado al FMI a reaccionar a través de comunicados en donde expresa su preocupación. Últimamente, ha obligado a Argentina, en sus renegociaciones de deuda, a incluir cláusulas que le prohíben tomar la senda salvadoreña. De igual forma, el Congreso de EE. UU. ha solicitado un informe para que explore los posibles impactos en las finanzas de dicho país. Para poner el asunto en contexto, el tamaño de la economía de El Salvador es US$25 mil millones y la de EE. UU. es US$20.940 mil millones, es decir 835 veces inferior.

Aún es temprano para declarar el experimento salvadoreño un éxito, pero el entusiasmo en la comunidad es alto, y en los últimos meses el turismo digital ha crecido 50%, los precios de las propiedades han surgido 30%, y el país está ofreciendo residencias y nacionalidad a cambio de 1 bitcoin, algo novedoso y también pionero. No sabemos si este es un caso aislado, pero si otra nación se suma a esta iniciativa, y existen 235 países potenciales, la muchos de ellos con monedas devaluadas y al borde del colapso, es probable que un efecto contagio invada a muchas economías y ciudadanos que han experimentado la devastación que conlleva una moneda depreciada, en donde el ejercicio de eliminar ceros a los billetes y la opresión financiera que les deja fuera del acceso al crédito, una cuestión cotidiana.

Es probable que El Salvador siguiera esta ruta justamente por ser una de las naciones menos desarrolladas del mundo, ocupando el lugar 104, y sólo superada en la región por Haití en el puesto 116. Podríamos entonces pronosticar que Haití puede ser el siguiente en la adopción bitcoin, pero existe una serie de condiciones que una nación debiese reunir para seguir dicha ruta. El caso de El Salvador ofrece algunas de ellas, no tan sólo porque es el único ejemplo a la fecha, sino porque hay una lógica particular detrás de su decisión. En primer lugar, El Salvador ya había perdido su moneda original, el Colón, y su moneda de curso legal era el dólar, que se mantiene como moneda junto a bitcoin. En segundo lugar, el país tiene como presidente a un joven milenio entusiasta de la tecnología digital y también visionario que afirma querer devolver por este medio soberanía a su pueblo. En tercer lugar, las remesas de dinero desde el exterior representan un porcentaje relevante de su economía, a saber, el 25% del PGB. Esta es una cifra enorme en el contexto mundial, considerando que los países OCDE no superan el 0.5%, y el promedio mundial el 2.4%. Las remesas tienen un gran problema y es que el costo por comisiones de las empresas (oligopólicas) que controlan el mercado, es altísimo, en muchos casos superando el 20% e incluso 30% dependiendo del monto. Si usted envía todos los meses US$320 a su familia desde EE. UU. a El Salvador, puede terminar entregando US$80 a $300, sabiendo que el servicio es ciertamente poco amistoso, debiendo viajar el destinatario muchas veces horas a retirar el efectivo, con el riesgo adicional que ello implica.

Las remesas representan una cifra muy relevante en el contexto mundial, alcanzando los US$702 mil millones, de manera que no es sorpresa que este haya sido un factor relevante en la decisión salvadoreña, y es probable que haya sido el decisivo, a juzgar por la divulgación de la noticia por parte del mandatario por medio de una videoconferencia en la mitad de la presentación de un joven emprendedor norteamericano que le mostró las posibilidades de su nueva aplicación móvil. Dicha aplicación permite debitar una cuenta corriente bancaria en cualquier moneda tradicional, transformarla en bitcoin para luego ser enviada a la velocidad de la luz a la aplicación móvil de un destinatario en su moneda local o mantenerla en bitcoin. Sin costo. En segundos. Sin intermediarios.

Según la lógica anterior, al filtrar países por alta dependencia de remesas y uso del dólar como moneda legal, Ecuador, Zimbabue y Panamá son candidatos factibles, además de otros doce países de economías pequeñas. Recientemente, se han sumado al proceso de adopción bitcoin como moneda de curso legal la ciudad de Lugano en Suiza, Roatán en Honduras, la República de África Central y Madeira (región autónoma de Portugal). Por otro lado, en México existe un proyecto de ley para su adopción como moneda de curso legal.

Es evidente que, si este proceso de adopción continuase su curso, las economías desarrolladas tendrían menores incentivos a sumarse a la tendencia. La gran sorpresa, y probablemente el último dominó en caer, sería un país OCDE tomando esta ruta, y representaría lo que los adeptos a bitcoin denominan "hiperbitcoinización" o el tercer requisito de una moneda para convertirse en dinero, la denominación de bienes y servicios en bitcoin.

La adopción de bitcoin como depósito de valor entre usuarios comunes, instituciones, fondos de inversión, fondos soberanos es ya una realidad, y si sumamos los 200 millones de usuarios en el mundo, agrupándolos en una nación, (llamémosle por ahora "país bitcoin"), sería el octavo país del planeta, superando a Rusia, México, Japón, Alemania, Francia, Italia y otras 200+ naciones. El país bitcoin es por lejos el más joven. Sólo goza de doce años como nación independiente…

Anexo 2

LA INVASIÓN A UCRANIA, EL RESETEO DEL PETRODÓLAR Y EL PRINCIPIO DEL FIN DE LA GLOBALIZACIÓN

Se suponía que la excursión rusa a Ucrania sería sólo eso, un blitzkrieg que tomaría tres días, a lo más una semana, con un cambio expedito a un régimen prorruso. Algo así como la invasión previa a Crimea, que ya nadie recuerda. La prolongación del conflicto ha obligado a las naciones de occidente a imponer un conjunto de medidas sancionatorias como opción a una confrontación imposible a gran escala, eventualmente nuclear. Una serie de medidas inicialmente inofensivas dirigidas a oligarcas cercanos a la administración rusa, han devenido aceleradamente en otras más severas como la confiscación de las reservas del Banco Central de

Rusia. No es la primera vez que esto ocurre. Venezuela vio sus reservas de oro equivalentes a US$1 mil millones confiscadas en 2020 por parte del Banco de Inglaterra ante una disputa política con un contendor presidencial al régimen y que fue reconocido como legal por Londres. El Banco de Inglaterra es el segundo mayor depósito de oro del mundo, sólo superado por la Reserva Federal de Nueva York. Almacena 400 mil lingotes de oro y se enorgullece de jamás haber extraviado una barra de sus clientes-naciones en 320 años.

La confiscación del oro venezolano produjo un impacto menor, como era de esperar, y al igual que la invasión a Crimea, pasó al olvido. La confiscación rusa, sin embargo, tiene ramificaciones importantísimas y seguramente de largo plazo. Para ello, hay que remontarse una vez más a la década del 70. Entra en escena el petrodólar.

La invención de la economía del petrodólar es posiblemente uno de los modelos de negocio más notable que un país haya incorporado a su caja de herramientas en su ascendente consolidación como el hegemón mundial. Con el colapso de Bretton Woods en 1971 (la primera vez que fallaba el dólar respaldado por el oro, en una suerte de default estadounidense) y el advenimiento del dólar, ahora sin respaldo alguno, como la moneda de reserva mundial que llegó para suplir la necesidad de un activo de refugio seguro, dado el creciente déficit comercial y de cuenta corriente de

EEUU por el sostenido aumento de las importaciones de petróleo, las reservas de la moneda norteamericana aumentaron en forma considerable en las economías exportadoras de petróleo, efecto acentuado por un alza sostenida del precio del crudo.

La creciente dependencia mutua entre EE. UU. y Arabia Saudita condujo a una serie de acuerdos para que éste último invirtiera dichos dólares a su vez en bonos del Tesoro norteamericano. A medida que nuevas reservas petroleras surgían en otros países como Noruega, que amasó un fondo soberano de US$1.500 miles de millones, el dólar multiplicó así a sus socios comerciales y reforzó el ciclo ganancia-ganancia.

El ciclo petrodólar permitió a EE. UU. acrecentar su preeminencia económica, financiera, tecnológica y especialmente militar, a juzgar por la serie de invasiones, guerras y conflictos que ha logrado solventar por décadas.

Como nada es gratis, existe una inherente tensión entre la creciente demanda por emisión de dólares para las inversiones que a diario requieren las economías del mundo en millares de instrumentos financieros y comercio global, obligando al emisor a imprimir billetes con la consecuente disminución de la calidad crediticia, erosionando la confianza en la moneda. En 1960, el economista Robert Triffin describió esta paradoja, y es actualmente conocido como el Dilema Triffin.

Con la creciente tensión descrita en la así llamada Trampa de Tucídides (siglo V A.C.), que describe la amenaza estructural propia de una potencia nueva retando a otra establecida, hasta la fecha no se había alzado un contendor tan formidable como es China, que ha generado sigilosamente alianzas comerciales e infraestructurales pragmáticas en todo el orbe, en particular con países ricos en recursos naturales, especialmente energéticos. China probablemente va encaminada a imponer su propia moneda como reserva mundial y de paso a ganarse su propio Dilema Triffin.

Las sanciones a Rusia arriba descritas han gatillado un sinnúmero de alteraciones en el comercio mundial. La más relevante de ellas es la prohibición de utilizar el sistema SWIFT de pagos y remesas bancarias que mueven la economía mundial, obligando a Rusia a un juego de ajedrez con nuevas reglas, y a utilizar nuevos mecanismos de pago. A las ya conocidas guerras comerciales, guerras frías y guerras con armamentos, se suman ahora las guerras de monedas. El que controla el dinero, controla el mundo.

Así, las naciones están asistiendo a un curso gratis en tiempo real del significado del riesgo de contraparte, sabiendo que sus reservas soberanas en manos de terceros países son más bien una contingencia, que pueden ser confiscadas o retenidas, que las monedas de reserva mundial tienen una fecha de vencimiento (la vida promedio de una moneda es 27 años) a juzgar por los desafíos del dólar. Pero no sólo los países, sino también los ciudadanos de Ucrania, que han huido en masa buscando refugio en naciones vecinas, que esta vez y a diferencia de las guerras del siglo XX, ya no necesitan esconder joyas en sus vestidos, oro en sus maletas o billetes devaluados en sus bolsillos. Sólo les basta memorizar una clave y recomenzar en otro sitio con sus activos digitales en… su cerebro.

Es en este contexto que una moneda soberana, independiente, inmutable, que no tiene riesgo de contraparte y sobre todo inconfiscable, puede adquirir un valor insospechado.

BIBLIOGRAFÍA

A case for a small allocation to Bitcoin, an essay by Wences Casares

The Bitcoin Standard, Saifedean Ammous - 2018

The age of Insight, Eric Kandel - 2012

From Dawn to Decadence, 500 Years of Western Cultural Life, Jacques Barzun - 2001

Shelling Out: The Origins of Money, Nick Szabo - 2002

Monetary Nationalism and International Stability, Friedrich von Hayek 1938

And the weak suffer what they must?, Yanis Varifakis - 2016

La Agonía y el Éxtasis, Irving Stone - 1987

Money Mischief: Episodes in Monetary History, Milton Friedman - 1994

The Great American Bond Bubble, Wall Street Journal, Jeremy Siegel and Jeremy Schwartz - August 18, 2010

No profit? No problem. Investors keep snapping up loss-making companies, CNBC – Sept 2, 2018

Darwin among the machines, a newspaper article of 1863 by Samuel Butler, and a book of 1998 by George Dyson.

DollarDaze.org

Capitalismo, Socialismo y Democracia, Joseph Schumpeter - 1942

Lindy's Law, The New Republic, Albert Goldman - 1964

The Saylor Series by Michael Saylor and Robert Breedlove - 2021

Hyperbitcoinization, Daniel Krawisz - March 29, 2014

La Desnacionalización del Dinero, Friedrich von Hayek - 1936

Acerca del Autor

Daniel Villablanca es un empresario focalizado en la disrupción tecnológica, nacido en la ciudad de Los Angeles, Chile. Ingeniero Comercial de la Universidad de Chile, ha participado en las etapas tempranas de la introducción de innovaciones tales como el computador personal, Internet y la industria solar en Chile.

En los años 80s lideró un grupo que consiguió la primera conexión a Internet entre la Facultad de Economía de la U de Chile y la U de California (UCLA). En los 90s fue fundador y Country Manager de Microsoft en Chile y participó en los inicios de Microsoft Corporation (NASDAQ:MSFT) en América Latina. Como emprendedor serial e inversionista, en 2010 cofundó Solar Chile, empresa pionera en el desarrollo de la planta solar libre más grande del mundo en el desierto de Atacama, que dio el puntapié inicial a la industria solar en dicho país, y que fue adquirida por First Solar (NASDAQ:FSLR), el mayor desarrollador de plantas solares en el mundo . Ha participado además en numerosos emprendimientos en la industria móvil y biotecnología, entre otros.

www.ingramcontent.com/pod-product-compliance
Lightning Source LLC
Chambersburg PA
CBHW020657220526